U0609893

赢响

YINGXIANG

营销
其实可以
很简单

蔡锦城 著

图书在版编目(CIP)数据

赢·响:营销其实可以很简单/蔡锦城著.—成都:西南财经大学出版社,
2011.3
ISBN 978 - 7 - 5504 - 0215 - 7

Ⅰ.①赢⋯ Ⅱ.①蔡⋯ Ⅲ.①保险业—市场营销学 Ⅳ.①F840.4

中国版本图书馆 CIP 数据核字(2011)第 033637 号

赢·响——营销其实可以很简单

蔡锦城 著

责任编辑:李 才
装帧设计:三原色设计
责任印制:封俊川

出版发行	西南财经大学出版社(四川省成都市光华村街 55 号)
网 址	http://www.bookcj.com
电子邮件	bookcj@foxmail.com
邮政编码	610074
电 话	028 - 87353785 87352368
印 刷	四川森林印务有限责任公司
成品尺寸	170mm×240mm
印 张	12.5
字 数	170 千字
版 次	2011 年 3 月第 1 版
印 次	2011 年 3 月第 1 次印刷
印 数	1— 3000 册
书 号	ISBN 978 - 7 - 5504 - 0215 - 7
定 价	30.00 元

1. 版权所有,翻印必究。
2. 如有印刷、装订等差错,可向本社营销部调换。

"赢响"大未来

中国保险行业协会原副秘书长　许斌

　　"赢响"其意为：成功要有赢的大思路，进而影响客户做决定并完成业绩目标，保险营销其实可以很简单。作者是一个很成功的保险营销人员，其十足自信的性格，一开始就领先于别人快速建立稳健的团队，从业 6 年便成为部门经理。他从零起步，认清一条路就坚定走下去，拥有不可多得的销售经验，最后以经验建立了"赢响"培训系统，精于以正确的说、写、制作教材方法发展团队，并且不断地吸取他人的宝贵经验。欣见锦城为了让业务人员更容易吸收和消化知识，特将 20 几年成功而宝贵的保险经营经验浓缩成一部轻松的小说《赢·响——保险营销其实很简单》——这是保险营销人员人人必备的成功指南。

　　中国保险的发展从改革开放以来，大环境正从拒绝走向开放。营销人员要成功没有快捷方式，只有不断地学习，一步一个脚印，以客户需求为导向，才能做好 21 世纪的营销。作者在书中提供了从传统商品导向到客户需求导向的销售模式。因此，此书既适合引领初入门营销人员，也能增强绩优人员的展业技能。

　　锦城从事保险多年，团队领导之所以如此成功，是因为他一直以旺盛的工作激情以及以人为本的经营理念指引团队成员。难能可贵的是一直以来他都不断突破、不断转变，团队愈大，人的问题愈多，他的胸怀和度量也变得更宽阔。同样，保险营销人员这一路走来也不轻松，工作上更是难免遇到困难与挫折，但是客户与团队的磨炼，让人格修养更上一层楼，用宽阔的胸怀来待人处世，您也可以成为不平凡的人！

书中所述销售的交互方式，适用于所有保险从业人员，而且是可以大量复制的。若读者朋友能将书中的专业营销技巧真正掌握并发扬光大，那将是对整个中国保险业做出的巨大贡献。锦城老师专业知识丰富——包括他的目标管理知识、客户经营、销售模式等。在《赢·响——保险营销其实很简单》这本书中，您将得到学习与快乐、收获与成长的完美体验。亲爱的保险伙伴，请别再犹豫了，在期待中翻开本书，等待您的将是全新的开始！

管理大师 Pareto 曾道出一个十分惊人的事实：一个人 80% 的成就，在 20% 时间内达成，剩余 80% 的时间，只创造了 20% 的价值（"80/20 法则"）。所以"重要的少数"事情，一定要先于"次要的多数"事情处理。学习题材若鞭辟入里，则篇篇实用易学。

因此，熟读本书，将助您收获事半功倍之良效。祝福大家心想事成，财源滚滚！再次恭禧锦城新书热卖畅销！

保险销售与团队管理：
需要的不只是"技术"和"话术"

中山大学金融保险专业教授、博士生导师　申曙光

　　锦城从事保险业长达 25 年，他的目标坚定不移：走保险销售管理道路，建设一支专业化的精英销售团队。《赢·响——保险营销其实很简单》很好地体现了他对这一目标的追求。

　　几乎全世界的营销人员都吃过"闭门羹"，从客户心理学角度看，是因为人们不觉得需要才会拒绝我们。保险也一样，客户是因为不懂才拒绝。这表明，对业务员进行教育与培训是何等重要。从这个意义上来讲，《赢·响——保险营销其实很简单》或许可以帮助您进行最初的职业生涯规划，开展营销目标管理、工作计划管理，进行专业化的营销，最终把您的团队打造成出类拔萃的市场营销精英。

　　保险行业是人的事业，更是先利他后利己的事业，遇到困难在所难免。所以我们应具有积极、乐观、热诚的特质，热爱自己的工作，要求自己任何时候都保持良好的精神面貌，用热情感染客户，让别人也充满活力。锦城将自己的故事、理念与见解，通过轻松易读的方式与我们分享，相信可以给大家以引导和启迪。

　　保险销售的过程注重客户的感觉，拉近与客户的心里距离，最

后提供客户解决问题的策略。保险营销人员凡事须善于沟通，具备良好的表达能力，而且乐于倾听，了解客户的内心想法。书中提出的这些观点不乏独到的见解，若能细读并贯彻于行动，当能有所斩获。

在团队管理方面，锦城的思路和规划都非常到位。在培养人才及辅导能力方面，他也有自己的办法。他的办法既体现了他的专业能力，也体现了他的行动能力。可以说，无论是在保险还是在其他的销售方面，很容易陷入"话术化"和"功利化"的迷途，其实我们更应该去追求一种利益之外的价值。这是一种更高的追求。因此，我希望阅读此书的您，除了学习锦城的专业技巧与方法，也能仔细思考他所提倡的价值观，这才能帮助您开创事业，而不只是忙碌而盲目地"工作"。

新思路 大格局

台湾地区人寿保险商业同业公会理事长 许舒博

台湾地区保险业的开放与发展，已有 40 余年。近半个世纪以来，人寿保险业由开放前的 2 家公营保险公司，历经开放民营后的本土老 8 家、新 8 家、外商子公司、分公司等的纷纷设立，迄今已发展为 30 家人寿保险公司，寿险业总资产已占台湾地区全部金融业总资产的 1/4，具有相当重要的地位。寿险业有今日之成就，30 余万从业人员亦功不可没。

蔡锦城先生，台湾三商美邦人寿业务副总经理，投身寿险业 25 个年头，见证了台湾地区保险业一半的历史，从事销售、组织经营与管理，培养造就逾 3 000 位营销人员，公余之暇，以其丰富的营销经验、组织推广、人才培育等心得，撰述《赢·响——保险营销其实很简单》一书，与期望成功的每一位从业人员分享。

大家都知道，要学好一门课，除了听讲以外，必须扎实练好阅读这门基本功。书籍之于知识的获得举足轻重，太过于晦涩的理论内容，往往令人难以吸收，反之，故事般的情节最能引人入胜，增强学习效果。《赢·响——保险营销其实很简单》通过书中人物的角色扮演，以小说式对白，以生活化的笔触，勾勒出一个保险从业人员的成长与成功历程，证明了保险营销真的可以很简单。

　　人寿保险业是人与纸的事业，这种无形的商品首重服务，从业人员要获得客户的认同并签下一份保障契约，是相当不容易的。正如《赢·响——保险营销其实很简单》书中所指出的，要进入这个行业，先要确立自己的人生计划，展现自信与热忱，坚定销售目标，借助营销技法、准客户开发与需求评估、客户问题的解答、超越客户满意度的服务等，方能制订出倍增业绩的策略。

　　甚感欣慰，《赢·响——保险营销其实很简单》这本书出版了，借书中的一句名言"坚持是保险成功唯一的路"，赠各位已进入或即将进入人寿保险业的从业者——当您看了本书之后，一定可以很简单地完成人生的目标，就如您当初的选择一样——想赢。

简单的事，重复地做

台湾三商美邦人寿股份有限公司执行副总经理　张财源

　　"简单"容易聚焦，"重复"必然熟练。销售真的可以很简单，如果你确认保险是个好东西，如果你善于将好东西与好朋友分享，如果你心中有保险，爱到极致，那么你一定也可以和许多杰出的营销人员一样赢在起点！

　　我和锦城兄熟识且共事近30年，其在工作上善于数据收集，详细纪录，精于整理，我对其颇为敬佩，也曾拜读之前几本著作，了解一二。今闻新作将其个人寿险之路精华，从确立人生目标，销售实战流程，到梦想实现的各个阶段，以故事讲述的文笔展现，让人仿佛置身其中，相信此举对营销伙伴帮助良多。

　　人寿保险是个无形商品，在不需要的时候买，需要的时候用。于是我们必须找适当的人，卖给他适当的商品。但是"明天"与"意外"哪一个先到，没人知道，所以我们的销售对象会拒绝——拒绝观念，拒绝商品，拒绝我们。因此"嫌货才是买货人"，"From No to Yes！"变成了认识保险营销的必经之路，而路的开头是确认（保险功能）与立志（投入保险业）的"赢的想法"，路的尽头则是"影响别人"的成交关键。本书中各项课题实战有用，浅显易懂，若能重复实践，则梦想成真指日可待！

在台湾地区，保险市场投保率已达204%之多，也就是说平均每个人有两张保单以上，保险由基础的提供生老病死残等保障的种类进而发展为具有投资连结及节税功能的种类；台湾地区2 300万人口中，有近18万人从事寿险营销，一个营销人员大概只能分配到128位准客户，如此铺天盖地的激烈竞争，每年却仍有许多人陆续加入，所为何来？我的答案是：会买的就继续会买，能做的就一直做下来。所以不断地提升自我，找够多适当的人，讲够多适当的话，成交总有达成的时候！

营销第一关其实可称为"Keep it simple & stupid"。简单地相信，直接地做，乍看有点笨，却是所有发明家不断尝试错误以至成功的关键所在。保险营销真的可以很简单，"Just do it!"

创造奇迹的高手

保险家传媒总裁 《保险家大讲坛》制片人 姜怀臣

营销的门道千千万，还有什么比做保险营销更不容易——特别是在改革开放、经济高速发展而新保险历史仅有短短几十年的中国？

犹如一位武林高手，优秀的保险营销人也须内力、外功兼修，剑法一流，内力也应超群。做保险，要有超一流的销售"剑术"，更要有强大的坚定必胜的信心，否则，难以持续、长久地发展。当然，这种力量并非一朝一夕得来的，而是日积月累磨炼出来的。

对于保险一线的营销团队，剑法和内功秘籍是必不可少的，保险营销极需要一套可以直接复制的系统。锦城先生从事保险业25年，一直在带领营销团队，见证了台湾保险业一半的历史；《赢·响——保险营销其实很简单》一书是锦城的经验总结，以易懂易学的方法撰写，实为拓展保险业的最佳宝典。

中国保险业营销人员从2006年的147万发展到2010年的约300万。在快速发展壮大中，保险业最需要的就是一套系统营销工具，以提升营销人员素质。《赢·响——保险营销其实很简单》在于架构自我培育的观念与流程，提供一套整体性与通盘性的认知，尤注重营销每一环节的实践，创造领先的营销优势，并以培养保险营销精英为宗旨。

《赢·响——保险营销其实很简单》既是营销的技巧手册，更是架构精英团队培训系统的工具。书中提出的销售观点，独到实用，只要读者花上两个小时细读，并贯彻实践，必有斩获，经过不断揣摩、反思和改进，肯定能够建立属于自己的市场品牌。

有关营销方面的书籍，接触不少，但都以理论为主，非以实践后的经验为架构，难以现学现用进而提升营销业绩。然而《赢·响——保险营销其实很简单》一书，从职业生涯目标的设定，引入工作目标及计划，同时提供多元营销方法，最后勾勒出保险营销的愿景——财务规划师。此书按部就班指引营销发展之路，实践后营销信心得到强化，从而化不可能的成果为可能。

锦城先生的人才培育及辅导计划，极具前瞻性。这从他的领先做法如推动退休及财务规划，在营销过程使用财务计算，与 SMART 杂志出版理财一指通畅销书，便可略窥一二。锦城先生在金融服务上的创新，像仙女魔法棒般造就营销人员的价值。

在蔡锦城先生的《赢·响——保险营销其实很简单》即将公开出版之际，我们保险家传媒的《保险家大讲坛》，也已经正式开播，行将覆盖中国千万个保险职场。愿以此和锦城先生的《赢·响——保险营销其实很简单》一起，为中国保险业献礼！

希望阅读此书的您，除了阅读之外，身体力行，并且坚持到底。相信您一定能成为一名深受尊敬的营销精英！

前　言

蔡锦城

《赢·响——保险营销其实很简单》一书，主要讲赢的人生，始于有赢的想法，进而有能够赢的做法，以此影响他人做决策，最后受您影响的人愈多您就愈成功。描述成功者必备的思路、营销人员有效的销售实务以及领导群雄出类拔萃的战略，是本书对营销人员最大的帮助。

其实，《赢·响——保险营销其实很简单》是锦城保险营销、培训团队的经验总结，确实可以立即运用在营销人员的实践中。辅以对话小说的方式，营销人员容易学习及理解，有助于阅读与吸收。团队主管可以让《赢·响——保险营销其实很简单》成为单位的辅导教材，若团队人员一起研习使用，新聘人员培训效能必定倍增，将是提升营销培训留存率的最佳武器。久而久之，势必建立起优秀的团队文化，协助营销人走向成功。

"赢响"取其意，即营销人员要有成为赢家的心，并拥有赢家的想法与做法，改变客户的思想，进而影响客户做决定，实现营销的最终目标——成交，这也是本书对营销人员的最大好处。除此之外，本书不仅有理论知识，也有与客户的对话全录，以及从传统销售到全方位财务规划等相关内容。

为什么出版此书？锦城在台湾地区有 25 年保险销售在线经验，也见证了寿险业发展的三个阶段。从台湾地区市场萌芽期就入行，那时投保率只有 13.32%，居民平均所得仅有 3 041 美元，保险销售人员为不被信任的一群。到了 1998 年进入成长期，那时寿险业的投保率为 99.8%，渗透度已达到了 6.15%，保险已经成为家家户户必备的商品。从此寿险业进入成熟期，居民平均所得达到了 18 565 美元，寿险市场投保率为 204%，寿险渗透度也达到了 15.56%。而今内地沿海地区人均年收入已达到 1 万美元以上，中国人均年收入也达到了 3 000 美元，寿险投保率正快速向前发展。了解商业模式的人一定了解，若件均保费增加，营销收入就会跟着水涨船高，有市场的地方就有成功机会。

因此，保险业营销的发展"钱途"、前景绝对值得期待。简单分析可知，寿险渗透度每增加 1%，保险业将增加很多的保费收入，将带给营销人员无限商机，提升保险业的发展力道。所以，如果您有服务的热诚与成功的欲望，但没有资金做生意，也没有高级文化素养及精明的头脑，也没有好的人脉背景作支撑，保险业绝对是最棒的选择。愿此书能够帮助您找到人生亮点。

2007 年，锦城协助举办第九届亚太保险与理财大会，来自保险界的 47 位国际级讲师义务协助，聚焦在台北。当时，来自美国的梅第等 MDRT 大师及新加坡祥松、国全、向阳等保险人热诚义务帮忙，锦城顿感保险人的爱无疆界，并由此萌生出版此书的想法，期望借此打通"任"、"督"二脉，提升功力，提高营销人员的营销热情和营销技能。

写作非锦城的专长，能在书中呈现最真实的营销技能和技巧，实属不易。为求内容完美，借助了编辑朋友的润饰，本书方得以顺利出版，锦城在此特别感谢台湾三商美邦的乃伟及 SMART 杂志秀清副总编的协助。

虽然两岸同属于中华民族，但长期以来，语言的表达方式却略有不同。为使广大读者更好地领会本书要旨，晓燕及其他内地朋友帮助对语言进行了润色。此外，谢泽辉、张志豪、谢清顺、何培荣等几位老总提出了很好的建议，也正是有了他们的大力支持，本书才得以顺利出版，这些好朋友真是功不可没。

中国保险行业协会原副秘书长许斌、中山大学金融保险专业博士生导师申曙光教授、台湾地区寿险公会许舒博理事长、三商美邦人寿执行副总经理张财源、北京财富宝库文化传媒总经理姜怀臣等为本书作序推荐，在保险路上支持20余年，更有兄弟蔡锦富、游明聪大力扶持，锦城感激不尽，在此致谢。锦城还要由衷感谢时报文化出版企业股份有限公司及西南财经大学出版社，他们为提升保险营销价值，尽最大力量做好出版工作。

祝您成功！

赢响

YINGXIANG

保险营销
其实很简单

目录

目录

高明，来自重庆市一小村落，父母家境普通，任职于广州市天河区私有中小企业。公司经营网管安全软件等相关系统，员工50余人。高明学历为电子专业本科，负责软件维护工作，入职四年，职务为助理工程师；月均工资6 000元，年终能领到相当于两个月工资的奖金。

高明的配偶李红，任千华电子科技副总特别助理，月均工资4 500元，在白领中算是中等收入。两人结婚四年，有一个女儿高燕，3岁，刚入幼儿园。

在女儿出生后，高明感觉生活的压力陡增。当然，高明也了解应该提早规划女儿的大学教育基金，让高燕不致输在起跑点，避免依靠助学贷款念大学。

高明住在广州，每个月有两笔固定的支出——最基本的生活支出4 000元，每月房租1 500元。高明一个人负责打理家里大小事。高明当了父亲后，家里的必要支出增加，家庭开销原本就捉襟见肘，这下更是雪上加霜，高明有很大的经济压力。

高明脑海中反复出现的都是钱。想着想着，他再度失眠。

叮铃铃……传来手机闹钟声，既然失眠了，不如早点到办公室，对即将架设完工的网站做最后确认及调整。

高明推开公司大门，一眼便看到张晶晶早已埋头于一堆档案中。于是高明开口问道："张晶晶，怎么那么早？"

张晶晶站起身来伸了伸懒腰，无力地回答说："高明，早上被丈夫弄醒后，就睡不着了，干脆提早来公司。况且，最近在软件销售上的业绩，客户对此反应似乎不错，公司销售业绩增长了50%，就提早到公司处理这些订单和合约了……"

高明意味深长地笑了笑，好奇地问道："张晶晶，你本来生活得好好的，各方面的环境也都不错，你怎么会有压力睡不着呀?"

张晶晶听完高明的问话，真不知道该高兴还是该忧虑。张晶晶回应说："因要与客户签一份大金额的商业合同，事成后可以领到一笔数额不小的奖金。昨天晚上，我是兴奋得睡不着啊!"

高明看着张晶晶说："你有奖金拿是好事，这年头钱难赚，恭喜你了!"

其实，张晶晶为了追求高品质的生活，在工作上一直很卖力。张晶晶听到高明的恭喜，叹了一口气，说："高明，其实你不了解，这张大金额的合约，奖金又不是很多，我的付出与回报又不能成正比，我这样工作只为了挣口饭吃罢了。"

突然间，高明被点醒了："走旧路，永远到不了新地方。"这是传统产业的工作，没有办法改变现状的，换另一条路，或许才有新机会。高明望着张晶晶，说："说到付出与收入成正比，保险业其实是一个不错的行业。"

张晶晶抬起头，一副惊讶样，好奇地盯着高明，问道："高明，你今天怎么了，该不会连你也想更换门庭吧?"

在人生的旅途上，最糟糕的莫过于已为人父母，生活现况与理想却处于无奈的境地，渴望改变但又无助。高明从结婚到有了子女，打心底有感触，回应张晶晶道："是啊，为人父母以后，经济压力就是不一样。父母的培育之恩，都难以回报了，还得照顾下一代。每个月领到的工资也只有6 000元。再这样下去，也不是个办法，不是吗?"

张晶晶又看了一下高明，说："哇塞，当了孩子的爸，你果然成长了。"张晶晶去倒了一杯水，回来后说道："你知道吗?我有个同窗好友，放下八年的中医师专业经验，也转行到了保险业，重新学习，找到出路。我真佩服他的勇气呢!"

高明深呼吸了一下，暗自盘算着与其幻想人生，倒不如放手一搏。高明饶有兴趣地微笑着问张晶晶："后来，你同窗好友的发展如何呢?"

"跟新入行的营销人员一样,花了很多时间和精力学习。刚开始的三个月,他过得很辛苦。但是,她重新定位了人生目标,准备提早实现买房、买车计划,工作终于有了起色。现在,他可是苦尽甘来,带领了300人的营销团队,他自己则出任三丰保险公司片区经理。"张晶晶回答道。

一般人都有一种不服输的品性:中医师转换搞营销,里子可以输,面子可不能输,肯定卯足劲来干。高明回应张晶晶说:"说得也是,天下绝对没有免费的午餐,努力终将有所回报……"

此刻,窗外晨曦初露。张晶晶微微一笑说:"高明,如果你有兴趣,我可以跟你分享一则消息。"

高明心怀疑问,耐不住性子问张晶晶:"什么消息?"

张晶晶笑着点点头,挨着高明耳边小声地说:"我今天来到公司,浏览了一下职业商场上的新闻,看到三丰保险公司正公开招聘。这家保险公司在业界口碑不错,如果你想改善经济收入,又有勇于挑战的勇气,可以去应征试试看……"

听了张晶晶的话,高明很兴奋,对张晶晶说:"谢谢你,这个机会我会好好考虑。"

高明此时心潮起伏,站起身,迅速走回座位,接收了张晶晶寄给他的邮件。

高明打开计算机,短暂等待中脑海浮现出中专时的高老师。有一天上心理学课时,高老师拿出一只精美的咖啡杯,问同学:"各位同学,这是一只独特的有艺术造型的咖啡杯,美吗?"

学生们异口同声说:"美!"

突然,高老师手上的咖啡杯失手了,"啪"的一声掉在水泥地上摔成碎片,学生们不断发出惋惜声道:"可惜!"

这时,高老师指着咖啡杯,说:"你们一定为这只杯子破了感到惋惜,对吗?"

学生们回老师说:"是啊,多么漂亮的杯子!"

接着,高老师说:"可是,无论你们怎样惋惜,杯子也无法复原了。今后，在你们生活或工作中，在面对无法改变的事实时，请记住这只破碎的咖啡杯。你们必须学会接受它，面对它，改善它。"这是一堂让高明永难忘怀的体验课。

这个世界上，有些事情是可以抗拒的，也有很多事却是无法抗拒的。为了让下一代更幸福，只有重新定位人生的目标。

在农历年前，高明与三丰保险公司的片区总经理汪平交谈了两次——毕竟有了家庭后全家的开销不能中断，为了慎重起见，也为了避免过度乐观，审慎评估保险业是必要的，如市场、制度及公司背景等都应该知道。当然，高明也在为农历年后改行做准备工作。同时，高明也做了最坏的准备——备妥三个月内完全没有收入情况下的钱物，这是最少的基本支出准备。

从 1 月 15 日那一天起，高明脑海中不断出现汪总的提示："人类因为有梦而伟大。虽然，你改行不保证成功，但墨守成规不冒险，维持现状是看不到希望的……"

从此，高明的生命世界有了这些人物参与……

张晶晶：高生科技公司职工，今年 28 岁，负责业务行政，在公司已任职两年。在广州市天河区有一套 $100m^2$ 的房产。育有一个儿子，今年 1 岁，白天委托保姆照顾。

汪平：三丰保险公司崇德片区经理，已经进入保险业 8 年，为本书中主要领导人物。

以前的职业为中医师，为高明直接主管，引领高明走上保险生涯路。汪平具有丰富的组织与营销经验，一直以发展保险事业为重，目前带领 100 余人的营销团队。

赵美：三丰保险公司崇德片区汪经理秘书，大学毕业，进入三丰保险有 3 年时间，专责协助汪平经理处理行政事务。

赵清文：三丰保险公司崇德区部营销主管，从事保险业务多年，在销售与组织方面非常出色，业绩表现也突出，表达能力又佳，常邀请其担任培训讲师，也是汪平引以为傲的得力伙伴。

赵敏：三丰保险公司崇德片区主任，从事保险业务3年多，销售业绩高峰会常客，喜欢参与团队学习，偶尔担任培训专题讲师。

苗士强：金牌管理培训师，也是高明的偶像，以前曾从事保险销售10年，后来创立培训咨询公司，目前致力于营销与管理培训，个性豪爽，喜欢与学员互动交流。

王德昌：曾经从事保险销售业务10年，后来创立培训管理公司，目前为金牌专业培训师，致力于营销培训，喜欢与学员互动交流。

林永松：从事保险销售业务，也有10年资历，目前为兼职培训师，擅长财务规划理论与实务，积极热情有干劲。

张祥林：一位私人餐厅连锁企业的老总。

张雁：豪美餐饮店负责人，今年40岁，经营多家分店，有员工30余位，每月平均营业额上百万。配偶李敏，今年35岁，有一个7岁的女儿。

陈飞鹏：光美书店总经理，拥有7年相关经验，来自湖北；有一个女儿，6岁。

第一篇　选择赢家跑道

第一章　设定人生目标

不待闹钟声响，高明就已经起床了。怕吵醒身边的妻小，他蹑手蹑脚地走进浴室，但妻子仍然醒来，她睡眼惺忪地问道："现在几点了？"高明轻声地回答："才六点过呢！你可以再多睡一会儿。"妻子没有继续睡，反而坐起身："今天怎么这么早就起床了？"

高明回答道："因为今天我要去保险公司报到，第一天早点到，才能讨个好彩头啊！"不待妻子回答，高明已进入浴室盥洗，然后在镜前自信地笑了笑。

妻子没有继续睡觉，而是端详着孩子，然后转头忧心忡忡地对高明说："我真不明白，你为什么决定要改换门道？"

高明回答说："道理很简单，就是想要拥有自己的房子，让你和孩子过更好的生活，之前朝九晚五的工作，根本没有办法让我们实现买房的梦想。"

"可是，我从来没有希望你要赚什么大钱和飞黄腾达，我只是希望这个家安安稳稳的就好。"妻子仍旧忧心。

"别担心，至少我现在已经先预备了3个月的安家费，就让我好好放手一搏吧！我相信保险公司汪总的话——人生不能重来，要做一次正确的选择，人生才会赢。我认真思考过，加入保险营销业将可以创造大好机会。"高明趋前握住妻子的手，说："就给我一点时间吧！我会努力证明自己的选择是正确的。"

妻子不语。"那我走了，再见。"高明轻吻妻子和睡得香甜的孩子后，转身离家。

抵达三丰保险公司崇德区部才 7 点半，高明先在公司对面的早餐店用餐。今天的天气很好，沐浴在灿烂阳光下的三丰保险公司崇德区部，显得格外耀眼，高明抬头望着自己的新战场，有着无限的期待，更怀着戒慎的心情，做好业务挑战及与新朋友并肩作战的心理准备。

今天是 2 月 15 日，是高明在保险营销业界踏出成功第一步的纪念日，高明衷心期待这个日子成为自己人生的转折点。

8 点半，高明深吸了一口气，踏入三丰保险公司崇德区部，准备接受新的训练洗礼。

"请问汪总在吗?"高明问柜台人员。没有等到柜台人员回应，有一个人站了起来："高明，这么早就来了呀!"那人是汪总的秘书赵美，她快速走向高明说："汪总晚一点才会到公司，让我先接待你。"赵美先带领高明来到预定位置，之后再引领高明认识工作环境，一一介绍各单位同仁给高明认识。

早上 9 点是崇德区的联合早会，大伙儿准时到培训室，汪总也进来了。值日生赵清文首先发言："新人是成长的动力，大家一起鼓掌欢迎新同事高明的加入。"周围响起一阵热烈的掌声。

赵清文接着介绍："高明以前有 4 年助理工程师工作经验，今天正式加入崇德区团队，与我们一起打拼，现在我们请高明自我介绍，让大家进一步认识。"

高明有点紧张，走上讲台，稍微停顿了一下，开口道："汪总以及各位同仁，今天很高兴到三丰保险公司。这次，为了个人的人生目标，在评估行业发展前景之后，我决定改换门庭，选择国际成熟、国内潜力无穷的保险业，开始自己的职场新生涯。身为这个行业的新人，还请大家多多关照，多多指教!"

语毕，台下的同仁们再度给予高明热烈的掌声，并且齐声激励道："高明，你是最棒的，你一定会成功!"

早会结束后，同仁们各自回到自己的工作岗位。此时，秘书赵美走了过来，说道："高明，你十点半到部经理办公室，汪总要和几位资深经理讨论事情，顺便介绍他们给你认识，方便以后互相讨教。"接着赵美又缓缓地说："下周一，汪总叫我帮你报名，到总公司接受三天的基础培训。"

到了 10 点半，高明准时到达会议室，汪总正和几位资深经理谈话，一见到高明到来，便说："高明，这些都是我们资深的经理，也是保险业界的精英，这位是李经理，这位是江经理，旁边则是袁经理。"高明一一鞠躬致意，道："请前辈多多指教。"

介绍完毕，汪总说："李经理，高明刚进入我们业界，你要不要提供新人一点经验以供参考？"

李经理爽朗地回答："好啊，高明，以我在保险业那么多年的经验，我觉得首先你要去了解保险的功能与意义。"李经理说道："当你了解保险的功能与意义之后，你会觉得自己从事的不止是一个职业，而是一个大家都需要且应该积极去开拓的事业。"

高明专心致志地点头聆听着。

江经理接着道："高明，人买保险大都为了解决三大难题。首先是为了要避免走得太早，照顾亲人的责任未了，甚至留下债务给最亲爱的家人。"江经理喝了一口咖啡，加重语气继续说："其次是发生意外时伤得太重，住院期间要负担庞大的医疗费用，出院后的起居生活也都需要亲人照护，全家的生活和经济因此被拖累。再次则是自己的寿命活得太长，以至于老年以后没有收入，反倒成了亲人沉重的负担。若是事前就买了保险，这三大难题都不会是难题了。"

袁经理则告诉高明："高明，商谈过程不要讲得太复杂，让对方弄清楚保险能解决什么问题就行了。高明，刚开始从事保险工作，挫折在所难免，不过，记住：'坚持是营销成功唯一的路！'"

对于这些前辈们无私的奉献，高明打心底无限感激，更发誓要吸取前辈们的宝贵经验。

很快到了中午时分，经理们陆续离开，会议室里仅剩下汪总与高明了。

汪总亲切地问高明："高明，刚到这个陌生环境，你是否感到紧张?"

"报告汪总,有一点。"高明回答。

"那是正常的反应,我相信你很快就可以融入这个环境的。"汪总笑道,"新人必须具备敏锐的头脑,借助他人走过的轨迹推进自己的事业。刚刚经理们的经验分享,什么让你印象最深刻?"

高明想了一下,回答道:"汪总,像江经理提到的,他有几位客户不幸患了癌症,但是每个人的反应却不同,有人因为事前不愿意保防癌险,得知患癌时,没有多余的钱进行治疗,只能纵容癌症的侵蚀,短短一两个月时间就身故了;而另外的人虽身患癌症,但却因为保了防癌险,治疗有了保障,最后竟然痊愈了。所以,人生无常,保险不但可以让我们的生活多一层保障,更能体现生命中每一刻的价值。"

汪总点头道:"没错,人生无常,有的人外表看似健康,却突然因一个疾病就走了。我们民众的保险观念虽比以前进步很多,但还不够普及,而这也就是我们保险事业的愿景。"汪总看看手表,说:"高明,都过 12 点了,走,我请客,一起去用个午餐,让我也来跟你分享一些经验吧!"

进了餐馆,汪总点了几道菜。在等待上菜的间隙,他对高明说:"想要做好营销事业,首先就得确认自己未来的人生中最重要的目标是什么。高明,你人生最高目标是什么?"

听到汪总这样问,高明感到有些惭愧,因为他从来不曾认真思考过这个问题。他低声说:"可能的话,我……我想买一套房子,不用租房子看房东的脸色,脱离'无壳蜗牛'的行列。汪总,你也知道的,我以前的那份工作只能勉强糊口度日,买不起房的。特别是孩子出生以后,这个欲望变得更加强烈,也让我有了转行的念头,希望能提供小孩有竞争力的环境。"

"哈哈!这没什么不好意思的,有目标就要大声说出来呀!人活着本来就要有目标,不然就像一艘没有罗盘的船,只能在人海中随风飘荡,茫茫然然,永远到不了彼岸,而且很容易触礁沉没。"汪总拍了拍高明的肩膀,说道:"高明,成功的第一步是对自己的期许与承诺。倘若人生没有目标，没有期许，就像一座枯井，没有人会再靠近你，其价值何在？况且有了具体的生涯目标，我才可以更进一步协助你。"

听了汪总的话，高明对未来目标的实现似乎看到了更多希望，笑着说："汪总，以前我真的没有想那么多，虽然空有个'买房'的梦想，却不曾仔细去订立目标。现在，我明白汪总的意思，会进一步去思考并订下目标。"

高明想了一下，继续说："其实，我渴望 10 年以内，能在沿着广州大道南一路过去的番禺区买下一套房，最好能有 100m^2，三室一厅一卫，目前行情价最少要 100 万元。另外，孩子的教育费用也必须提早准备才行，我估计至少也要准备 20 万元才够。当然，加上物价上涨因素就不够了。"

汪总点头说道："这就对了！你先要有具体、明确的目标，才可以找到实现人生梦想的方法！"

此时，高明插嘴道："汪总，可以再进一步说明吗？"

汪总说："当然可以。我认为每个人每一年都要设定生活目标，在做任何事之前，都必须有所策划，然后去具体实践，就像要去外地旅游不是也会事先订个旅游计划吗？高明，你以前制订过来年工作目标吗？"

高明不好意思地回答："从来没有。"

"确定人生目标与工作计划，是踏入营销领域的第一门功课，而且生涯目标要分家庭、工作、人际三个领域，并且分别制订短、中、长期目标发展计划。"汪总继续道："营销致富其实可以很简单，但也是非常辛苦的；而营销人员与一般朝九晚五的上班族最大的差异，就在于营销人员可以挑战个人的人生目标。"

汪总的一席话，瞬间点燃了高明心中的火花，他静静聆听着汪总的教诲。汪总又道："人类因为有梦想而伟大，有小梦想，能做小事，有大梦想，才有机会成就大事业，因此，在设定目标之前，你还必须具备如企业家做事方正、做人圆滑的风格，这样才能设定大梦想、大目标，也才能成就大事业；而在订立明确的目标之后，更要让目标像灯塔一样引领自己往前行进；再者，就是需要制订一个具体的工作进度，一个像行车时刻表般有进度的计划。"

高明问："那么，要怎样制订一个有进度的工作计划呢？"

汪总回答道："高明，如果有人想要减肥，订立了减重 20 公斤的目标。但一年过去了，体重依然没有减下多少，你觉得原因是什么呢？"

高明回答说："汪总，我不知道详情，不过，应该是没有订立明确目标，而且决心完成目标的毅力不够吧？"

汪总满脸笑容，说："没错，就是因为没有减重的恒心。当然，也没有具体的进度计划，所以，减重的梦想才会永远无法达成。"他看了一下高明，叹了口气，继续道："其实每个人都有不同的梦想或期待，但是，大部分的人订立目标以后，却很少完成目标。大部分的销售人员也是一样，订立目标之后，最容易犯的错误就是，只订立目标却没有具体落实。"

高明接着问道："汪总，那您有可以落实实践目标的秘诀吗？"

汪总摇摇头，说："实现目标没有秘诀，主要视个人有无毅力。不过，曾有位专家提出订立目标的'SMART 落实法则'——'S'代表目标要明确；'M'代表目标要数量化，有可以度量的标准；'A'代表可以完成的目标；'R'代表以完成结果为导向；'T'代表有如火车时刻表般的进度时间。"

"汪总，您是否可以举一个例子来说明？"高明接着请求道。

汪总说："当火车启动以后，每到达一站就好像实现一个小目标，然后一站接着一站，也就是一个小目标接着一个小目标，最后一定会到达目的地。"

此刻，高明脑海中闪过一句名言："结果看得见，过程是关键。"与此相似，营销人员每实现一个小目标，就向最终目标近了一步，而距离目标愈来愈近，人也会变得更加自信，目标的达成也就指日可待了。

接着，汪总又说道："营销人员每天事情很多，又很杂，常常一整天都在瞎忙，一事无成。所以，营销人员订立生涯目标以后，接着就应订立可以实践的工作目标。"他认真地望着高明说："既然下定决心成为保险营销人员，那么初期一定要付出比资深人员更多的时间、更多的努力及更多的汗水，在保险营销这个领域，除了你自己，没有人可以限制你的收入和高度，整片天空都可以任你翱翔，想飞多远就飞多远，想飞多高就飞多高。"

听了汪总的话，高明换位思考，对汪总说道："嗯，世界潜能大师吉姆·恩特斯曾说过，你要得到什么成就，还是渴望拥有什么，首先你就要让自己成为什么样的人。"

汪总开心大笑，说："高明，很好！我就是欣赏你能够举一反三，找到那个潜在的理由。没错，如果你的保险事业目标是成为一位精英级营销人员，那么，第一件事就是要想像自己是一位精英，并且要保持精英的想法、做法和习惯。"

汪总说完，注意到桌上的菜都已经上齐了，便热情地招呼高明："来，我们赶紧动筷子吧！以后多的是机会交流。"

一场午餐，让高明这位保险营销业界的新人受益匪浅。高明心潮澎湃，真有"听君一席话，胜读十年书"的感触，他更暗自庆幸能够跟随汪总这位前辈学习，世界上许多杰出人物，初期不都是拥有一位好的人生导师，方才圆满达成人生目标吗？

终于，高明踏出了保险事业的第一步。高明相信，只要将人生目标明确化，并且具体落实工作计划，同时贯彻始终，如此坚持到底，那么事业的春天一定会到来！

第二章　发现自己的天才

　　2月22日，高明踏入保险业界已经一周了。今早的例行早会由同事赵清文担任讲师，分享"张雁签约10万保费的经验"。赵清文的业绩表现有目共睹，足以称为崇德团队的楷模。赵清文走上讲台向大家问好后，随即走下讲台，绕会议室一周，接着说："今天，我先谈一个小秘密，再谈张雁签约10万保费的经验。"

　　大伙儿听到赵清文要讲秘密，都瞪大了眼睛，仔细聆听。赵清文缓缓说道："6年前，时值我大学一年级，我报名参加'新人杯'英文演讲比赛，这是我第一次公开尝试新挑战。还记得比赛的题目是关于林肯总统的就职演说词。为了这次比赛，我整整准备了一个月。原本以为已经将讲稿背得滚瓜烂熟了，但比赛时站上台的那一刻，表现却全走样。当我走上台后，双眼往台下一瞄，黑压压的一片人头，众多陌生观众，让我瞬间脸红，同时心跳加速，脑袋一片空白，紧张到全盘走样，根本不知道自己背了些什么；五分钟过后，铃声响了，就匆匆下台，完全不知道是怎么结束的，那是一次相当失败的演讲。"赵清文回忆道："接着，其他比赛同学一一上台，直到比赛接近尾声，评审团老师上台对参赛者一一讲评，轮到我时，老师并没有责备和为难，反而略述了林肯总统的生平，补充我的背诵题材。老师说：'在1864年林肯连任美国总统，美国那时正遭受内战煎熬。当时南北战争最终结局仍然不能确定，而竞选连任的林肯为了让北方人民争取最后胜利，不遗余力地支持北方人民，让他们坚定战斗到底的决心。'"

　　赵清文继续说道："由于是我自愿报名参加英文演讲比赛的，因此赛前我几乎翻遍了所有关于林肯总统的背景以及他为人处事和临机应变等事迹的资料，并整理好了演讲稿内容。虽然英文演讲比赛意外失败，但老师听得出来我对讲稿内容做了充分准备，所以没有加以苛责，而我也算是为自己创造了历史，拥有了一生难以磨灭的宝贵经验。经验愈多，你就会越珍爱你自己，而当你主动做事，离成功的人生也就愈来愈近了！"

漂亮！多精彩的一个秘密！大家齐声鼓掌。赵清文接着请同仁举起右手，用手摸着左胸，说："你必须静下心来问自己，今天，你渴望有些不同的生活质量吗？你的内心会感到恐惧、害怕改变吗？若你经常反问自己，你就会不断去尝试，并且逐渐发现自己的天才。"

接着，赵清文双手抱胸，满怀信心地说："我的客户张雁就是'扫街'时偶然开发的，虽然一开始遭到他多次拒绝，但是我告诉自己不要害怕失败及改变，不断尝试，建立起彼此间的信赖，终于缔结每年期缴 10 万保费的机会。

"张雁为豪美餐饮店负责人，40 岁，餐厅有多家分店及大约 30位员工，每个月平均营业额大约为 20 万元。妻子李敏 35 岁，他们有一个女儿，时年 7 岁，租了一处小区大楼，银行存款大约有 25万元。

"3 年前 6 月下旬的某一天，下午一点多，我第一次到豪美餐厅用午餐，餐厅里的客人不多。于是我便随机开发客户。我面带微笑，双手递上名片，对餐馆老板张雁说：'老板你好，我知道你在忙，但能不能耽误你两分钟，我是三丰保险公司的赵清文，刚好在附近做市场调查，同时帮助别人了解是否需要保险的帮助。我只耽误你两分钟的时间，就能帮助你了解自己！'

"这时，在一旁的李敏说道：'赵先生，我们收入那么少，没有钱买保险啦。'不过，在我的游说之下，他们夫妻俩还是配合我做了问卷访问。访问以后，我就先离开了，依据我的经验判断分析，这个家庭的经济关键人物为李敏，应该属于 B 级客户，经营间隔订为

15 天。

　　"因此，15 天过后，在 7 月上旬，我又到了那家餐馆吃饭，同时做第二次顺访。我对张雁说：'张老板，还记得我吗？我是三丰保险公司的赵清文，能否给我一次机会，只要 30 分钟，我就能提供你的家庭一份安全的保障。'张雁想也不想便说：'赵兄，你来吃饭、看朋友可以，但买保险的事就不要再提了，我们真的没有钱。'

　　"听到张雁这样说，我反倒笑着回应他：'那就对了，保险的第一优先对象就是没有钱的人。老板，你知道这是为什么吗？'张雁表示不知道，于是，我就对他说：'我问你两个问题，你就知道为什么了。第一个问题是：你同意人一定有离开世界上的一天吗？张雁愣了一下，回答：'同意。'我继续问第二个问题：张雁，你我都不会知道自己可以活到几十岁吧？这时，张雁突然挺起身子，感觉似乎对我的话产生了兴趣，回答说'不会'。我停了大约 10 秒钟，对他说：'假如你因为意外或疾病失能了，以后女儿的教育费，将会留给谁负担呢？'张雁沉默不语，我也没再多说些什么，吃完饭就匆匆离开了。

　　"虽然张雁当场没回答我，但我知道那些话已经在他的心底发酵了。夜阑人静时，他不断思考着：'如果我突然离开了，老婆和女儿能有什么保障呢？'过了几天，我再去餐馆吃饭，没有直接叫张雁买保险，只是不断告诉他有保险的好处。如此经过了大约 10 次的访谈，终于打通了张雁的保险观念，由于担心女儿会吃苦受累，他和妻子商量后，买了这张每年缴 10 万元保费的保险单。"

　　赵清文说完，看看大家，继续道："搞营销需要耐心，一次失败并不丢人，重要的是如何从失败中学习成长，并且懂得去体会对方的内心感受，从对方的角度和立场出发，才能了解及满足对方的真正需求，达到成功的目的。"

　　赵清文的话一说完，现场立即响起了一阵热烈的掌声。赵清文接着说："营销人员要发挥自己的聪明才智，一定不能漏掉目标的概念。目标管理大师彼得·德鲁克曾经说过：'有效率的主管懂得先做最重要的事，次要之事后做。'其实，目标不仅是企业的需要，个人也应为自己的目标负责，这样才可以让自己过得更充实。

"发明大王爱迪生在 22 岁时，就发明了股票报价机，获得 4 万美金的酬劳，后来又因一次专利发明得到了 10 万美元的奖金，他发觉自己一生中最大的乐趣就是工作。从此以后，爱迪生就盖了一间很大的实验室，聘请了各方面的专家来做研究，开始建立科学王国。有一天，爱迪生给这间实验室定下了一个目标——每 10 天一项小发明，每 6 个月一项大发明。果然，这个目标管理使得爱迪生到 84 岁逝世时，享有专利局登记的发明共计 1 328 种，平均每 15 天就有一项发明问世，真不愧为发明大王。而爱迪生的名言'天才是九十九分的努力，加上一分的天赋'亦流传至今。我们从爱迪生身上看到了辛苦的一面，也看到其成就——每 10 天一项小发明，每 6 个月一项大发明。

"所以，一位有愿景的营销人员，必须经得起挫折和坎坷，如同一只蚌壳，为了凝结一粒璀璨的珍珠，必须忍受海浪的冲击与海砂的磨砺，反之，就永远不会拥有珍珠闪耀璀璨的一天！"

赵清文脸上展露笑容，最后对大家说："各位，我的分享到此为止，有没有人想要反馈一下心得？"

赵敏举手站了起来，说："我来分享一下知名影星荷莉·贝瑞的故事。在 2002 年，荷莉·贝瑞以《拥抱艳阳天》打败众女星，荣获那年奥斯卡金像奖，但每年在奥斯卡颁奖前一天也都会公布'金酸莓奖'，那年荷莉·贝瑞也以电影《猫女》被'金酸莓奖'评为'只会卖弄身材，毫无演技'，入围最烂女主角人选，历年'金酸莓奖'获奖的知名影星，几乎没有人会出席领奖，但荷莉·贝瑞却亲自前往领奖，由此传为佳话。荷莉·贝瑞表示：'从小，我的妈妈就告诉我，想赢，要先认输，输了就输了，一个不敢直面失败的人，也没有权利分享成功。'我听了很感动，当你发掘自己愈来愈多的优点，你就会越有自信，也就会发挥自己的天才，但同时我们也要接纳自己的缺点，忍受挫折与失败，因为失败是成功之母。"

早会结束后，汪总问高明："你有何心得？"高明嘴角漾起笑意，道："赵清文的英文演讲挑战第一次，勇气可嘉；而他所分享的张雁案例也像孙中山先生一样，历经十次革命仍不屈不挠；还有爱迪生的目标管理及努力不懈的精神，都非常值得学习。赵秘书分享荷莉·贝瑞'想赢，要先认输'也很不错，果真如此，一定能发挥自己的天才。"

汪总听完，哈哈大笑，说："很好，我再教你一个简单的方法。你知道吗，爱迪生在面对问题时，为了解决问题，他会先彻底地思考问题，若是思考后依然无法获得答案，就会把问题交给潜意识，并且不断告诉自己一定会成功。你知道什么是潜意识吗？"

高明没有回答，汪总接着说："高明，潜意识是很奇妙的，当你碰到困难，一定要不断告诉自己'一定可以解决'，或许几个小时或几天之后，答案自然就会蹦出来。来，你先跟着我做深呼吸，然后想像自己保单成交的情形。"

高明闭起眼睛，想像自己成功让客户签下保单，耳边传来汪总的声音："只要每天不断练习，久而久之，你的人生将会出现超乎想像的变化！"高明睁开眼睛，汪总告诉他："高明，你每次拜访客户之前，记住自我暗示一定可以完成任务。你下午不是和新客户有约吗？现在不妨试试看。"

高明再度闭起眼睛，运用潜意识默念着。看着高明用潜意识默念后，汪总说："根据心理学家的统计，人类心态比较积极的只占5%，95%的人都有消极的倾向。消极者遇到困难就放弃，总是相信好的事情不会发生在自己身上，因而一味地担心坏的事情来临，会破坏眼前的幸福，只要身体稍微有一点不舒服，便怀疑哪里出了问题，甚至担心患了什么不治之症。"

汪总继续对高明说道："大部分刚入行的营销人员，总是忧虑大于成功的喜悦。其结果，也正如自己心里所期待，差不多有90%的人会失败。总而言之，期待失败的话，则一定失败；期待成功的话，则一定能成功。"

高明恍然大悟，汪总拍拍高明的肩膀说："高明，若你想成为一名成功的营销人员，首先一定要向自己推销自己，不断告诉自己我是最棒的！我的工作是最有价值的！也不断地自我暗示，自己是站在舞台中央最受瞩目、最受尊重的营销人员。"

高明点头认同，在改变环境以前，必须先改变心境；在改变别人之前，也必先改变自己。高明灵机一动，问道："汪总，快乐过活与悲伤过活的人，最大的区别在于'想法'，对吗?"

"对，没有错。"汪总微笑着肯定高明的问话，"营销人员透过自我暗示的引导，可以帮助自己改变想法，创造正面的结果，虽然之后的结果不一定百分之百地称心如意，但绝对不要认为自己无能、无用，反倒要学习鲑鱼'逆流而上'的精神，在失败中学习成长，有一天你一定会发挥自己的天才，看见自己的力量。"

第三章　满怀热忱与自信

　　从踏入保险业的那天起，汪总就不断地对高明耳提面命："开发客户是销售工作的第一步，谁能开发最多的客户，签下最多的保单，谁就能获得保险事业持续发展的优势。"而高明到总公司接受三天的基础培训课程时，培训老师也提醒他们这些新人："营销人员的天职就是开发客户与提供满意的服务。"

　　一般来说，保险营销人员自己得先了解保险市场，找到目标市场之后，就主动开发与被动开发客户，进而访问了解客户需求；当客户签定保险合约之后，更要为客户提供满意的服务。

　　于是，高明将每周三下午定为主动开发客户时间，平时则经常练习以电话开发客户。

　　这天，高明打开抽屉，拿出自我管理手册，并翻到这个月的工作目标计划。先前他根据"准客户分析指引表"评估后，将先前在高生科技公司的老同事张晶晶列为"A级"优先目标，并计划在这个月开发这个新客户。

　　正是有了当初张晶晶不经意转寄了一封三丰保险公司招募新人的电子邮件给高明，他才有机会去了解保险业，同时鼓起勇气转行，进入了三丰保险，因此，高明打心底将张晶晶视为贵人。

　　听说张晶晶最近在天河区民生小区置产，买了一套100平方米的公寓，高明遂将张晶晶列为"A级"优先目标，因为刚购屋的张晶晶应该背负着房屋贷款，更免不了有残疾及储备退休基金等保障的需求。

　　于是，高明拿起电话，拨通了张晶晶的电话——除了想为她提供一份优质的保障，也想以老同事的身份与她叙旧及分享自己进入保险业界的心得。

电话铃响，张晶晶接起。高明道："张晶晶，你好！我是高明，还记得吗？"

张晶晶回答："记得呀，你现在不在保险公司工作了吗？"

高明说："嗯，我转行到了三丰保险公司，已经 3 周了。听说你最近刚买房子，恭喜你了！同时我也想到，你应该有保险上的保障需求，所以想跟你谈谈保险事宜，我们找个时间聊聊吧！周六下午 3 点或是周日早上 10 点，不知道你哪个时间有空？"

张晶晶说："我们聊聊是可以的，但是，不能谈保险，我不相信保险！我现在很忙，再联系啦！"接着，"喀"一声，电话就被挂断了……

张晶晶这样的举动，令高明不知所措，以至于成天都无法专心工作，就连晚上回家也迟迟无法入眠，心中不断产生一个疑问——我只是要给张晶晶一些保险需求的建议，并与她聊聊转行到三丰保险公司的现况，为什么她却那么直接就挂我电话呢？

隔天，高明带着失眠一整夜的疲惫，进入了三丰保险公司。进入办公室以后，高明在座位上整理客户数据，但是，他的心情却仍然停留在前一天，一副魂不守舍的样子，一旁经过的汪总看了不禁摇头连连。

"高明，汪总请你现在到他办公室去一下。"赵秘书走过来对高明说。

"喔，好，我马上就去。"经过赵秘书这么一叫，高明方才回神，他起身走到汪总办公室，敲了敲门进入。汪总一看到高明，开口就问道："高明，我看你从昨天下午到现在，都是一副心情沉重的样子，忧郁全写在脸上，遇到了什么困难吗？说来听听，看我是否能帮得上忙。"

被汪总看出自己的沮丧，工作效率低下，高明不好意思地说道："昨天下午，是我开发新客户的时间，我因此主动拨了通电话给以前的同事张晶晶，听说她最近买了房子，应该会有些保险上的需求。谁知才刚提到保险，她竟然就二话不说，立刻挂了我的电话！唉，老同事怎么会这样呢？"

"你是不是就开始质疑保险这个行业自己是否真的可以做下去？"汪总回道。

"汪总，保险营销这个行业，难道真的那么令人排斥，做起来那么困难吗？"高明叹了一口气，又问："我以为张晶晶买了房子后，会考虑到房贷缴纳的问题，万一她发生残障或死亡，房贷分期付款该如何继续支付？所以应该最有保险上的需求，难道不是吗？连她这样的状况都不愿意给我机会，听我这个老同事说一说，那其他陌生客户不就更难开发了？"

"高明，客户总有拒绝的权利。我们要帮他们寻找购买的理由，更要设身处地以诚意来感动他们，让他们愿意聆听我们说明，不要只凭一通拒绝的电话就宣判自己'死刑'。"汪总看了一下高明，又继续说："假使客户都主动购买保险，那还需要我们这些人吗？"

"汪总，保险营销要面对的挫折和拒绝这么多，你从事这个行业多年，是如何依然维持热诚且对保险营销这么有自信的？"高明认真地望着汪总，眼里满是渴求。

"高明，如果有一天你被生活所逼，必须靠卖废纸维生，那时会用什么态度来面对简单、看似无聊的资源回收工作呢？"汪总反问他。

高明一时反应不过来，噤声不语。

"你可知道女首富张茵女士就是靠卖废纸而致富的？每个人有时为了生活，必须做一些不得不做的工作，但谁知道这份工作能为你的未来创造多少财富呢？况且，工作环境再好，也会有倦怠的时候。不过，高明，工作上如果感觉愿景消失了，目标没有了，就会变得像机器人般了无生气。"汪总对高明说："其实，任何工作若只有美好的愿望而无持续力，那么，愿望只会成为幻影，完全没有任何作用。通常有执行力而无恒心者，只会空留遗憾。"

汪总继续说："日本经营之神松下幸之助曾说过'人的热情大过

于才干'，在中国古书里也有'湿柴点不着火'一说，所以，想要达成工作目标就要持续保有对工作的热忱，让它成为一种习惯，如此才会全力以赴，也才能找到工作的个中乐趣，也才会更自信。"

"十年前，我也像你一样是刚入保险业界的菜鸟，也曾遇到挫折，也感到彷徨，更一度怀疑自己放弃行医而选择保险业这样的抉择到底对不对，转行到底是对还是错。每个刚转行的人初期都会对自己的决定产生质疑，但是，我们应该想一想，自己踏入这个行业的初衷为何，现在放弃以后会不会后悔，若不做这个行业又可以做什么。"汪总继续分享自己当年的"菜鸟"经验。

高明仔细聆听，汪总继续说道："于是，我替自己的保险业务工作订下了5年计划，告诉自己无论如何都要撑下去，挫折只是一种考验，并且要求自己每天以全新的态度以及无比的热忱来面对保险营销工作；如果5年后我还是觉得这份工作很无趣，那么，便不适合继续走下去，应该再次转行。"

"当我熬过3年之后，自己已经在保险业界闯出一番成绩了，自然不再有转行的彷徨心态了。接下来的两年，我更是发现，原来这个行业才是发挥自我才能的地方。"汪总继续道："高明，其实这10年支撑我的秘诀就是：不要计较，不要抱怨，尽情去享受工作中的乐趣。因此，我每天都很期待上班，纵使事情多到做不完，在心里也仍然是愉悦的，我将对工作的热忱转化成了无限的动力。"

"汪总，我明白了。谢谢你今天告诉我这么多。"高明感激地对汪总说："汪总，我相信在实践梦想的途中，挫折肯定难免，但需要持续拥有热情，'面临逆境有所坚持，面对取舍有勇气决定'，这乃是营销精英的毅力来源。"

汪总点了点头，回道："是的。每位营销人员都知道热忱与自信的重要性，可是，如果用错地方，结果往往还是失败的。比如，对于自己推销的商品，不相信它是好的，就很难把商品推销出去。事实上，每个商品的生命都是营销人员赋予的，若是充满热忱与自信，客户自然而然感受得到，甚至不知不觉中，你所传递过去的感受，会让对方产生购买的动机。"

"切记，每次电话约访客户时，都要像老朋友面对面坐着一样，自然而亲切。"汪总露出了笑容，继续说道："只要坚持不断地开发客户，慢慢地，相信你也就愈来愈能掌握开发客户的窍门了。"

高明回道："嗯，这时只要我们继续有效沟通，让客户对我们产生信赖感，最后，客户购买商品便顺理成章，并且彼此将合作愉快。"

汪总说："没错，高明，你很聪明，也懂得应变，在你身上，我仿佛看到了以前的自己，深信只要你多用心，日后一定会成功的。"

"汪总，你过奖了！以后我不会再那么容易灰心丧气，会时时提醒自己对工作热忱，并且尽力而为，相信我转行的选择是正确的，它将改变我的生命。"高明回道。

汪总竖起大拇指称赞，并说道："在这个世界上，凭着一股热情，一个再平凡的人也将拥有不平凡的自信。再告诉你，一位营销人员必须强迫自己养成五种习惯——首先，必须经常提醒自己，上课要坐在前座，这样才能专注学习；其次，说话时，要注视对方眼睛；再次，走路的速度，应该比平常加快25%；再其次，与人对谈，保持思路条理清晰；最后，面对别人都要保持自然的微笑。"

"谢谢汪总，我会随时提醒自己，保持这五种态度，并且对工作充满热忱与自信。"高明抬起头，斩钉截铁地说："就算是所有人都不看好我，我也要努力不懈，最后方知是输或赢！"

汪总开心地拍手大笑，说："好，就是这样！高明，成功者与失败者最大的差别就是：面对挫折时，成功者恢复斗志的时间快，而失败者恢复的时间慢。让我们一起在保险业界继续加油吧！"

第四章　为谁而战？为何而战？

　　今天晚上，崇德团队将举行每个月一次的夜间例会。这是个兼具招募新人与团聚分享的日子，而今天也特别安排部经理江宇哲来担任讲师了，他的讲授主题为《创造有自信心的人生之秘密》，这引起了高明极大的兴趣。

　　主持人赵清文首先开场道："自信心是发自内心的鼓舞力量，自信心能使人勇敢面对挑战，也为成功带来希望。一个人如果没有自信心，就好比要上战场杀敌的士兵，还没有碰到敌人，就用枪把自己绊倒了。"

　　赵清文清了清喉咙，继续说："活跃于19世纪的美国文化巨人爱默生有句名言：'有自尊心而无自信心，等于一座房子有栋无梁，维系力必然很脆弱。'他还告诉我们：'自信心是为事的根本，成功的基石。'现在，我们欢迎江经理为我们做专题演说《创造有自信心的人生之秘密》。欢迎江经理！"

　　掌声响起，一阵欢呼声，江经理出场了。他破题说道："各位晚安！我先给大家讲两个故事——公元前218年，汉尼拔将军从西班牙率兵翻越阿尔卑斯山，进攻意大利本土。在那样的年代，没有飞机可以预先探测路线，汉尼拔靠着双脚及毅力，翻越阿尔卑斯山，还打了胜仗。这有着什么意义呢？"

　　江经理先卖了个关子，直接讲起了另一个故事："1492年10月12日，意大利的航海家克里斯托弗·哥伦布踏上了美洲大陆。当时，哥伦布登陆的岛屿是巴哈马群岛的圣萨尔瓦多岛。出发前，没有人能告诉哥伦布需要航行多久，在何处可以停泊。哥伦布只能靠着梦想及毅力，在茫茫大海中寻找，终于发现了新大陆。而数百年来，哥伦布一直被视为'美洲大陆的发现者'，受到了世人的尊敬。"

"这两个故事，告诉我们相同的一件事，那就是：古往今来的英雄豪杰，为了追求理想，都会不顾一切困难，坚持到底，直到理想实现。而他们成功的直接源泉是什么呢？那就是他们内在的自信心！营销人员也是依靠来自内在的勇气，踏出挑战营销的第一步……"高明听着江经理的演说，更加坚定了对保险营销工作的信心。

隔天早上，汪总安排大伙儿一起看电影学营销，观赏由知名影星刘德华主演的电影《三国之见龙卸甲》。汪总告诉大家，这部电影也是营销人员探讨"我为何而活？我为何而战？我为何在此？"的最佳工具之一。

为了让学员进入状况，汪总先为大家简介电影内容。这部电影的故事年代，乃是汉末三国鼎立时期，主角赵子龙当时本来是寂寂无名的，但赵子龙因为使命感而加入了蜀军，凭着武艺超群、智勇双全以及对刘备的忠心，成为五虎大将中的一员，更赢得了"常胜将军"之称号……

电影播放结束，灯光亮起，汪总告诉大家："从年轻时期打拼到晚年的赵子龙，在凤鸣山一役，带领赵家军拼命抵抗魏国军队。当时，魏国领兵者乃是曹操的孙女曹婴，曹婴誓言为30年前的失败雪耻，对赵子龙一直锲而不舍地追击。"

汪总暂停了一下，看着大家说："《三国之见龙卸甲》体现了使命、愿景、目标之间的相互关系：使命感要有驱动力量，内在驱动力量则来自于愿景；为了要达成愿景，必须设定短、中、长期相关联的目标；而为了完成各阶段目标，必须拟订合适的策略及行动方案，并且适时修正和调整策略，逐步达成阶段目标！"

此刻，汪总停了一会儿，然后说："各位，曹婴本身的强烈使命感，就是为洗刷赵子龙以智谋战胜已故爷爷曹操的耻辱，这也是曹婴要完成的愿景！也就是'为谁而做？'那么，她要如何做呢？阶段目标就是打赢凤鸣山一役，而赵子龙对这一场战役有使命感吗?"

高明举手回道: "没有，当时赵子龙年纪大了，而且只为了参与，根本缺乏使命感，不知为谁而做，当然很容易遭遇挫败。"

"其实，这就是问题的关键所在。到了东汉末年，魏军强势压境。初任工兵的赵子龙，遇上打抱不平的同乡罗平安。两人一见如故，互诉对乱世的看法，进而效法桃园三结义。两人相信乱世出英雄，英雄创时势，所以结拜，谓'兄弟齐心，其利断金'。"汪总拿起桌上的水杯，喝了一口，接着说: "而赵子龙等在凤鸣山之役被困期间与罗平安席地而坐畅谈未来，赵子龙是成名的将军，正要出世，修成正果，罗平安是世俗小人，正努力入世，图个功名富贵。"

"各位，赵子龙有实现愿景的驱动力吗? 为了追求某一个境界的成就吗? 是为了刘备而战? 当然不是。而罗平安内心的愿望是为了功名而战? 或为了正义? 其实他仅出于一种模仿偶像的不明确的使命感。"汪总渐渐带入主题，说道: "活了大半辈子，有人历经风霜，有人顺风顺水，有人在生活中沉浮。其实，只要有目标方向与持续的执行力，那就够了。"

"你这一生，究竟是为何而战? 也就是为何愿景打拼? 或仅仅是过日子吗?"汪总告诉学员说: "各位，营销人员不能与赵子龙在凤鸣山之役一样不知为何而战，营销人员一定要知道为何而活，为何而战，为何在此。营销不一定每个人都能做好，但最重要的是，自己的努力要能够得到肯定。"

"首先，'为何而活'的意思是什么? 假设有一个人，今年34岁，已婚，老婆没有工作，两个小孩分别为6岁和3岁，他努力打拼的目的是为了给子女幸福。因为，小孩还小尚未独立，未来需要一大笔教育费用，那是甜蜜的负担，是一般人最愿意扛的担子，也就是他要为小孩好好活着。"汪总继续解释道。

"汪总，我了解'为何而活'了，那'为何而战'呢?"高明问道。"保险营销人员应该了解'为何而战'。是为了拥有较好的生活质量? 能提早退休过好日子? 是拥有决定职位晋升的主宰权还是工作付出与报酬回报成正比？无论目的是什么，愿景都要明确，是这样的吗？"高明问道。

汪总听了，满意地点点头，说："对。我们在做任何事情之前，必须明确知道'为何而战'，才会有着源源不绝的战斗乐趣，否则，就会掉进失意的漩涡。"

汪总的话让高明想起一部电影，于是举手说道："汪总，我以前看过汤姆·克鲁斯主演的一部电影《七月四日诞生》，他原是位对人生充满光明期许的美国青年，但越南战争夺去了他的健康和前途，他变得意志消沉，产生不知'为何而战？为谁而战？'的迷失，于是士气低落，无精打采，后来申请退伍返乡，最后转变成为反战分子。总而言之，我们营销人员也要了解自己'为何而战？为何而活？为何在此？'也就是说，当你期待某个东西，然后得到了，那才是最快乐的。"

汪总点头说："是的，我'为何在此？'就是我为何要来做保险。首先要确认进入保险业从事营销的愿景，这个关系着应该扮演什么样的角色。"

"汪总的意思，我明白了。所以，从事营销首先要知道自己的目标是什么，并且对自己有信心，对自己所选择的公司有信心，对销售的保险商品有信心，是这样吗？"秘书赵美回应说。

"没错。"汪总抬头望着大伙，说："营销人员没有自信心，就没有勇气踏出第一步；再者，要是对所服务的公司没有信心，你就失去坚强的后盾；最后，是对公司的商品要有信心，这是帮助推销的不二法则。这俗称'销售的三信心'。"

"汪总，若营销人员彻底掌握商品知识，对商品有充分的认识，推销能力才会迅速加强，是吗？"高明问道。

"高明，营销自信是非常重要的因素。如果你真的想做一件事，一定会找到方法；如果你不想做一件事，一定会找到借口。了解了吗？"

最后，汪总以一个故事作为总结："有一对夫妻，结婚十年。老公每天下班差不多6点回到家，进门后总习惯性地说：'饭煮好了没？我饿死了。'有一天，老公邀一位单身同事回家用餐。进门后，就大声问老婆：'饭煮好了没?'单身同事说：'大嫂,真不好意思,麻烦你了。'不久,热腾腾的饭菜上桌了,此时,单身同事感触良多,说：'大嫂,回家就有热饭菜可吃,感觉真好!哪像我,每天回家迎接我的只有冰冷的墙壁。'吃了一会儿,单身同事又说：'大嫂做的菜色、香、味俱全,一点都不输给五星级饭店,老婆听在耳里,乐在心里,不断夹菜给单身同事吃,老公反而被冷落在一旁。餐后,老公便到客厅看电视了,只有单身同事到厨房一边帮忙收拾碗筷,一边还不断称赞着：'大嫂,晚餐这么丰盛,碗盘就让我来帮忙洗吧!'老婆当然不会让客人洗碗筷。20分钟过后,碗盘洗完了,老公就扯开嗓子喊：'老婆,泡茶!'这时,单身同事又赶紧起身说：'大嫂,告诉我茶叶在哪里,我来泡茶吧!'当单身同事告辞离去之后,老公感觉到老婆很开心,便问：'老婆,你今天为什么这么高兴啊?'老婆说：'我煮了十年的饭菜,从来没有听你说声谢谢,用完餐不但不帮忙洗碗,我还得泡茶侍候你,你看你那位同事是多么懂事啊!'老公不以为然地说：'那是因为他第一次来我们家做客,你等着看,看他结婚之后会不会每天跟老婆说谢谢。'"

汪总停了一会儿,又对大家说："各位,面对至亲的爱人,我们总有一种习惯叫'理所当然',而忽略了最基本的感谢,其实,简单的一句'谢谢'不仅代表心意,也是人与人之间有效沟通的桥梁。"

最后,汪总说："各位,营销人员优先的心理建设,是遇到挫折时应该首先回顾'为何而活?为何而战?为何在此?'在面对客户时,常用'请'、'谢谢'、'对不起',对于客户的拒绝,也应将之视为一种心智的磨炼,诚心地说声'谢谢';而遇到难应付的客户时,营销人员内心虽然受挫,也要诚心回句'谢谢',感谢他们所提供的考验;对接受保险的客户,更是务必要感谢他们对你的支持,诚心道声'谢谢'。若能如此,你必定成为一位快乐的保险营销人员。"

第二篇　什么是赢的关键?

第五章　塑造个人专业品牌

一天早上，高明准备展开新人的"磨炼之旅"，一个人去市区店面"扫街"，开发陌生客户。

高明首先进入一家餐馆，问道："请问店长在吗?"柜台的服务员抬头回应："你找他有什么事吗?"

高明回道："敝姓高，我们公司在附近做公共意外市场调查，想要打扰店长一下。"服务人员一听，低下头回绝道："抱歉，店长现在很忙，你换别家调查吧!"高明只得默默走出店门。

走了几步，高明到了邻近一家食品行门口，望着里面宽敞的空间及琳琅满目的货品，心想："这家食品行的生意做得很大，或许老板会有保险上的需求。"于是，他踏入商家，问道："请问老板在吗?"店员问道："有什么事吗?"高明面带微笑，双手递上名片，说道："小姐，你好，我是三丰保险公司的高明，正在附近做公共意外市场调查，同时帮助社会大众了解保险概念，想要打扰店长几分钟的时间。"

店员小姐以冷漠的态度响应："抱歉，店长现在很忙，你换别家调查吧!"连高明递上的名片都拒收!

碰了一鼻子灰的高明只好再度退出店家，往下一家寻找希望。然而，得到的响应依然和先前的店家差不多，甚至又跑了几家，结果还是一样。原本斗志高昂、满腔热情的高明，连续被浇了几盆冷水之后，不禁变得灰心丧气，深深感慨保险营销行业的辛苦!

到了中午，一路受挫的高明沮丧地回到了办公室，一进门刚好遇到汪总，他仿佛在黑暗中看到了光明，连忙对汪总说："汪总，请问你现在有时间吗？我想和你聊聊。"

汪总爽快地答应，说："怎么了？感觉你一脸愁容，说来听听吧，看看我能不能帮得上忙。"

高明说道："汪总，今天我开始'扫街'，数一数，起码跑了至少30家，但是，从第一家开始，我就一路被拒，不知道到底是哪里出了问题。"

汪总看着他，问道："高明，你今天是穿这套衣服去拜访商家的吗？"

高明看了一下自己所穿的衣服，回答道："是呀！"

汪总摇摇头，对高明说："高明，你现在站在镜子前，仔细瞧瞧自己。假设你是店家，而拜访你的营销人员穿着这样，试问你的感觉如何？"

高明看着镜子里的自己，一身休闲装扮，回答："我原想今天要'扫街'，所以穿得轻松一点，这样走路比较方便。"

汪总手指着镜子里的高明，说道："错了，高明，营销人员应将心比心。如果你是客户，每年缴付 5 000 多元的保费，缴了 20 年期，总保费支出至少 10 万元，你们又是第一次见面，想想看，你会放心未来把钱交给这样穿着打扮的人吗？"

高明皱着眉头，回道："不会……"

"高明，那就对啦！你的这身打扮，绝对无法让人在瞬间建立信赖感！你应该穿着整齐的套装。你知道吗，营销人员在与陌生客户最初接触的 30 秒，就是决定成交与否的关键！"汪总直接指出问题的重点。

高明感到很不好意思，低着头轻声说："呃，我刚开始还没有收入，买不起昂贵的西装……"

"高明，外表的合宜与衣物的价格没有绝对的关系，重点是要能根据时间、场合和目的来穿着，并且显现出你的专业。套装，让你给客户留下的印象是专业的；白衬衫，让你给客户留下的印象是干净整洁的；戴上合适的领带，让你给客户留下的印象是杰出的；再从中延伸，就是个人的穿着品味了，同时反映出你对工作的态度。"汪总继续说："合宜且专业的穿着，加上诚恳的态度与自信的谈吐，只要掌握这些要点，必能抓住制胜的机会。"

"但是，现在大多数客户都有着强烈的防卫心理，尤其是第一次接触的客户，对于我们这样的营销人员通常都有排斥感，又该如何去克服呢？"高明继续问道。

"高明，客户担心自己要拿钱出来，自然会有防卫心理。所以，我们当然得先突破他们的心理防线！要突破客户的心理防线其实很简单，就是从自己专业的衣着外表开始，营造出自信的专业形象，才能令客户产生信任感及成就感。"汪总了解营销人员该克服犹豫不决的心态，才能勇敢地跨出第一步，鼓励高明道："没关系，高明，胜败乃兵家常事，你还是有很多机会来挑战销售目标的，尔后将服装修正一下就好了。"

过了几天，崇德团队举办了一场"专业与成功形象的表面意义"的专题讲座，讲师赵清文将此讲座内容分为两大块：一是专业的形象，一是成功的外表形象。讲座开始之前，赵清文将人员分成 A、B 两组，说："每组人员有 20 分钟装扮，两组轮流。好，现在由 A 组先开始。"各组人员利用口红、运动服、西装、套装、休闲服、牛仔服、迷你裙、短裤、低胸装和夹脚拖鞋等道具，轮流将对方组员装扮成各种形态，并且分别欣赏评论，众人的欢笑声不绝于耳……

最后，赵清文笑着总结说："我们穿着的服装品味，将表现出一个人的性格，由外表的着装，可以看出一个人的性格是粗心的、亲切的、拘谨的、邋遢的、大胆的、内向的、喜欢吹牛的、品行不良的还是有教养的，等等，因此，营销人员该好好地打扮自己，将自己的外表整装好，让自己成为一个有魅力的人，如此一来，才能抓住客户的心，顺利达到营销的目的。"

这时，高明举手问道："赵主任，保险营销人员的最终目标就是能使客户签下保单，那么，什么是营销人员在与客户交谈过程中最容易犯下的错误动作?"

"有些营销人员在与客户交谈时,会出现一些下意识的动作,容易给别人留下不好的印象,这是我们要经常提醒自己注意的。例如:营销人员手会不自觉玩弄笔,跷着二郎腿抖个不停,或在谈话中玩弄手指头,不停地搓手,甚至迟到了也不真诚道歉,而提出的简报数据也未经整理,呈现出杂乱无序的状态……这些都是营销人员言行举止上的大忌。"赵清文一边说,台下的同仁们一边点头。

高明举手问道:"赵主任,这次讲座的主要目的是告诉我们客户往往会把更多的机会留给穿着比较整洁的营销人员,是吗?"

赵清文笑着回应高明,说:"的确,营销人员整洁着装,将使你在推销时更显得灵敏、更加热情有干劲。高明,你想想,客户会比较喜欢与穿着整洁还是邋遢的保险营销人员签约?"

高明不假思索地回答:"赵主任,当然是想与服装穿着整齐、行为姿态端庄、资料准备齐全的营销人员签约啰!"

"合宜的穿着打扮,将让营销人员把握住成功的关键 30 秒。"赵清文提醒大家:"身为营销人员在关注外在专业形象的同时,也必须注重内在形象的塑造;内在形象是指我们的心灵境界和内心涵养,也就是自信心的培养。"

顿时,全场响起一片掌声。汪总道:"今天谢谢赵主任的讲座。营销人员专业而受尊重,伴随而来的是成就一生;但成功以前,经营的客户难免会有好或坏的状况,无论如何,营销人员都应勇于面对及找到因应的对策,这是保险营销拓展业务必须学习的课题。"

"营销人员同时也别忘记善用自我暗示的力量,增强面对客户的自信心,借以提高临场的表现力。"汪总继续说:"记住,营销人员要在客户心中塑造个人专业形象——一个专业、干练、有品味以及诚实、值得信赖的形象,这些乃是成功销售的敲门砖!"

第六章　彻底执行目标管理

　　会客室里，只有汪总与高明两人。高明向汪总请教道："汪总，如何成为一位杰出的营销人员？"

　　汪总回应说："在回答你的问题之前，我先讲一个故事。有个体验团队将 60 名学员分成三个小组，分别以步行的方式，前往 10 公里以外的一个村庄。第一小组学员不知道村庄的名字，只知道跟着领队走就是，领队也没有向他们说明路程有多远。于是，走了两三公里之后，就有学员开始叫苦：'到底还要走多久啊？'走了大约一半的路程，更有人变得愤怒了，抱怨为什么要走这么远，到底何时才能走到目的地。甚至有人干脆坐在路边不愿继续走，后来一行人虽然继续行走，但越往后走，他们的情绪就越低落，抱怨声更是此起彼落。

　　"第二小组的领队告诉学员们村庄的名字，以及路线该怎么走；但路边没有里程碑，他们走到一半的时候，大多数人就想知道，他们已经走了多远，离目标还有多远。虽然继续向前走，但大约走到全程的四分之三时，大家就觉得情绪低落且疲惫不堪，甚至怀疑这路程似乎还很长，直到领队告诉他们快到了，学员们的精神才又振作起来，并且加快了步伐，期待早点到达目的地。

　　"而第三小组不仅知道村名，还有路线指标，并且沿途每一公里就有一块里程碑，标示得非常清楚。这个小组走着、走着，每一公里就能看见一块里程碑，大伙就响起一阵愉悦的喝彩，享受征服一公里路程的成就感，途中，学员们不断用歌声和笑声来消除疲劳，彼此鼓励，所以到达目的地的一路上，心情都很愉快。"

汪总说完看着高明，问道："高明，在这三个小组中，你认为哪一组会最快达到目标？"

"当然是第三小组。"高明回答。

汪总问道："为什么呢？"

高明笑着说："因为他们有明确的目标和行动的计划，一路上看着自己不断向目标推进，每走过一公里就会觉得离目标愈来愈近，自然就不会顾虑，并且会努力排除重重困难，拥有挑战目标的勇气；相反，第一小组既没有明确的目标，也不知道路程有多远，自然会觉得没有方向，而且感到困难重重。"

汪总听了高明的话，不断点头微笑，说道："高明，这个故事就是要告诉你，你既然选择了保险营销，首先就要制订明确的目标及可以实践的计划。目标远大并不是大问题，只要按照时间表逐步检验，新目标便不会落空。换句话说，目标必须伴随具体的计划，这样就能够实现你的梦想。若缺乏周密的计划，就无法自动产生成果。"

"汪总，每个人都希望自己的计划能够成功，却往往只有少部分的人能够如愿以偿，我觉得主要原因就是忽略了实践的过程，所以才会失败。"高明颇有感触地说。

"嗯，所谓'结果看得见，过程是关键'，这结果就是目标，而过程就是计划。"汪总说："因此，你要把自己的业务目标制订成为一个可以落实的计划。"

"是的。"高明回道。

汪总说道："高明，你今年29岁，已婚，小孩3岁，放弃了助理工程师的固定收入，进入三丰保险公司当保险营销人员，这样做的初衷是什么？"

高明停顿了一下，回答道："从上班族转行到做业务人员，是为了增加收入，改善家庭生活质量。虽然我也知道业务工作很辛苦，还是想拼拼看，看能不能赚更多的钱，买套房子，买辆车子，给妻儿一个舒适又安稳的生活环境。"

汪总问高明："高明，那你打算几年实现你买屋及买车的梦想？"

高明坦诚地回答道："我希望5年内可以实现梦想。"

汪总点点头，伸手拍了拍高明肩膀，说道："既然你已经决定从事保险事业，而且有时间规划，我会尽可能以技术作为你的依靠，协助你实现梦想。"

高明听了，感动的眼泪差点夺眶而出，赶紧致谢："汪总，谢谢您！"

汪总继续说道："高明，新进保险营销人员应订立收入目标，首先是基本收入目标，要能够应付基本生活支出，其次是提升优质生活的收入，为人生梦想不断储备本钱。我们先谈谈你基本收入要多少。"

高明回应："汪总，我每年最基本的生活支出大约是12万元。"

汪总思索了一下，反问高明："那么，如果你的每年收入目标是12万元，则你清楚自己需要完成多少客户数吗？"

"不知道，恳请赐教。"高明虚心请教。

"这就是工作计划。高明，如果你每年的收入目标是12万元，那么，以新约保单抽取33%的佣金来计算，你今年务必要做到在新保单上收取40万元的保费。"接着，汪总做了更加详细的说明："高明，假设营销人员每个月平均收取保费3万元，该有什么行动计划才能达到业绩目标？"

高明一脸疑惑，摇摇头表示不清楚。

汪总认真地看着高明说："如果依据我过去的经验分析，假设每张保单平均缴保费8 500元，那么，每月必须有4份保单成交签约。"

高明惊讶地问道："汪总，那要送出多少保险建议书？"

汪总笑了笑，道："假设营销人员每送出建议书两份，可以签收保单1份，则每个月必须送出8份建议书。"

高明这时拿出一张白纸来，准备计算分析。他问道："汪总，依你的经验，这样需要做多少次回访面谈？"

汪总说："依我的经验，保险营销人员大约回访面谈 3 位客户，才可以送出 1 份建议书，算一算，每个月必须回访面谈的人数是 36 位。"

高明听到这里，再进一步问道："汪总，那营销人员通常要与客户约多少次才能够得到回访面谈的机会？"

"高明，一位有经验的营销人员，平均大约以营销电话或直接约访 3 位客户，才可以取得回访面谈的机会，由此计算，若以电话约访，每个月必须约访 108 位。"汪总略为计算之后，对高明解释说："由此推算，一个月按 4 周来计算的话，每周必要的接触人数为 18 位；若是勤劳一点，以每周工作 6 天来计算，则营销人员每天必须拜访 4 ~ 5 位客户。"

高明盯着纸上的数据，十分苦恼地问道："汪总，倘若营销人员每天不间断地访问 4 ~ 5 位客户，需要经过多久的磨炼之后才能够苦尽甘来？"

汪总语带鼓励，回道："高明，当你积累了足够的经验以后，成功的几率自然就会逐渐提高。所以，现在的你必须坚持每天访问 3 位客户，让它成为你的最低工作量，如此你才能不断积累经验；当然，你也必须每天回访 4 ~ 5 位旧客户，这样到了第二年才会产生续期的佣金。这也就是取之不尽的'养鱼哲学'，积蓄渐多自然苦尽甘来！"

"苦尽甘来是每一个像我这样的新人最大的期待。"高明笑着说道。

"高明，只要肯用心，新进时期所有的辛苦都是值得的。提醒你现在就务必将收入目标分阶量化，换算出每个月及每一周的工作量。"汪总看着高明，道："正如前人所言：'每日看三回，春来花三枝，辛苦三五年，风光三十年'。"

高明恍然大悟，道："我明白了，将销售目标分解换算为每周行动计划后，按部就班执行，逐步实践小目标，人也会愈来愈兴奋、愈来愈有自信，最后大计划、大目标的完成自然也就不成问题了。"

第七章　做时间的主人

为了让保险营销人员有效地管理时间，更快提升工作效率，崇德团队特别聘请时间管理大师苗士强前来指导。

一开场，苗老师就引述知名管理学大师彼得·杜拉克的话："时间是世间最短缺的资源，除非善加管理，否则一事无成。"苗老师看着下面聚精会神的学员说道："首先，身为营销人员要珍惜时间，不要浪费太多时间在不适当的人、事、物上，要远离一些会使你注意力松懈的事物。发明大王爱迪生也说过：'智者的时间因思想而延长，愚人的时间因感情而延长。'因此，智者利用智慧去争取时间，愚人则用情绪来消耗时间。当我们具备时间管理的概念，懂得时间管理方法后，就可以掌握自己的时间，而掌握时间就能创造财富。"

"上班族朝九晚五，工作时间是固定的，保险营销人员却需要自己安排时间，所以时间的自我管理也就显得特别重要，这也是保险营销人员成功的关键。"苗士强不紧不慢地说："一般擅长时间管理的人，生活中各方面的事都安排得井然有序。营销人员都应懂得集中大部分的时间及注意力，依事情的重要性来开展工作，才可以完成预期的业务目标。"

"时间管理不是天生就会的事情，许多人担心时间溜得太快，忽略了时间管理是必须经过学习的，必须不断实践，才会成为习惯。"苗老师说："我教大家一个最简单的时间管理'一二三原则'，那就是每天最少尝试开发一个新客户，回访两个旧客户，做好三个售后服务，这就是说要专注最重要的项目。"

苗老师进一步说："第一步，营销人员应列出'To do list'，也就是要做的工作事项，其次为'To be list'，找出要优先执行的工作事项，当中又以能够完成营销目标者列为优先事项，接着订出必要的行动时间计划表，让自己的工作可以执行得有进度、有效率。所以，绘制个人行动计划记录表，是营销人员最重要的基本功。"

"不过，许多营销人员却认定做记录是浪费时间，但不写又如何知道时间是否浪费了呢？行动计划记录表是规划时间与工作分配绩效相当好的工具。有道是'有效率工作两个小时，胜过轻松工作二十小时'。"苗老师停了一下，接着又说："基本上诊断营销业务，如同医生诊断病人一样，有症状才可以定义病症。一般营销业务的病症大概分为三类——第一类病症为'意愿不足'，行动计划记录表内的客户拜访量太少，表示缺乏客户来源，或是约访客户时，心理有障碍，走不出去。记住，有句话叫'滴水穿石'，说的是水不断滴到石头上，时间久了，连石头都会滴穿的。因此，营销人员客户拜访量足够，自然有好结果。第二类病症是行动计划记录表内客户拜访人数够多，但成交率偏低，或销售成绩一直没有向前推进，这项病症其原因为'技能不足问题'，得进行辅导以解决技巧问题。若是一段时间后，依然没有改善，则列入第三项'不胜任问题'，建议其转换行业，毕竟不是每个人都适合保险营销业的。"

苗老师语重心长地说出保险营销主管最难的抉择："每个人的发展都受先天条件与后天栽培、自我努力、机缘掌握等因素左右，环环相扣，因此，营销主管的职责之一也包括选择合适的营销人员，当然，也要淘汰不合适的人。"

"好了，我们回到行动计划记录表，我再做深入的说明。保险营销人员在刚开始填写行动计划记录表时，难免会不习惯，经常做就会上手了。"苗老师继续道："具体一点说，一个营销人员记录这个月完成接触约访54件，营销面谈18位，提案建议6位，保单成交签约有2件，完成新保单每月保费1万元。如果他将这个月的佣金目标定为首年度收入6 000元，那么，他这个月必须完成新约总保费

18 000 元。假设每件平均保费为 5 000 元，佣金率为 30%，则营销人员必须签约 3～4 件，需要做到 6 个提案建议，营销面谈 18 位，必要的接触约访则是 72 位，接触约访人数多寡比率受准客户来源影响很大，实际中以营销面谈为主。"

"因此，这位营销人员营销面谈 18 位，接触约访 54 位，约访客户数量没问题。不过，虽然他接触约访 54 位，低于基准值数 72 位，但他完成 18 位营销面谈，接触约访的技术已经算是很好了，继续维持就好。"苗老师进一步分析："只是他提案建议虽有 6 个，但成交签约的却只有 2 件，低于基准数 3 件，这种情形可能的原因有两个：一是营销人员高估了客户的保险观念，因而送出提案建议书；二是他所提出的保单签约要求要更积极，若要提高成交签约的客户数量，就必须提升这方面的技巧。"

"如果营销人员销售约谈人数为 48 位，但签约人数却为 0，这意味着销售面谈客户数很多，基本上意愿没有问题，但技巧及胜任性两者其中一项应该有问题，营销人员应立即找出解决之道。"接着，苗士强老师继续说："营销人员对客户的分级有问题，或在接洽前的调查工作做得不好，或是销售的执行过程未落实，或是不敢要求提送建议策划书，像这些问题是属于技能问题，都可以经过培训来改变。"

苗老师转身在白板上写下数字 0 和 5，并画上两条线后，说："假设有一个保险营销人员一个月下来，每天都显得很忙碌，接触约访的总人数为 5 位，却没有签下任何一张保单，我们首先诊断'意愿问题'。接触面谈数才 5 位，属于害怕面见新客户，或不懂开发新客户的技巧，需要多加训练，学习客户推荐技巧，以增加客户来源。如果是客户来源不多，则加强'扫街'或电话约访的技巧。"

最后，苗老师以一段话作为结尾，同时告诫大家："有理想而无持续力，则理想只会成为幻影；有执行力而无恒心，则只会空留遗憾。"

讲座结束之后，高明意犹未尽，继续缠着汪总问道："汪总，依你的经验，什么是'有效管理时间'最简单的要诀？"

汪总回道："切记，'时间就是金钱'。若你想要在保险营销事业上有所成就，就必须充分地利用有限的时间。高明，根据调查统计，营销人员的业务时间，每天平均大约只有1个小时，因此，我们应该将每天业务时间增加为2~3个小时。这便是'有效管理时间'最简单的要诀了。"

接着，汪总又说："我以前曾归纳出七个具体做法——第一，访问前必须和客户约定好时间，设法将等待的时间减少到30分钟以内；第二，不要养成动不动就约在咖啡厅闲聊的习惯，虽然花费不多，却失去更多时间上的价值；第三，预先规划好推销访问路程，避免在交通上浪费时间；第四，设法延长与客户的面谈时间，以减少再次拜访的次数；第五，利用突击式访问，将路过的路线列出，顺道拜访周边的陌生客户，这样在短时间内也能够访问到很多客户；第六，一天当中，重要的时间内不可以处理其他不重要的工作，缺乏生产价值的工作利用空闲或不能访问时再处理；第七，就算是休息时间也不要发呆，应该思考一些面谈应注意的事项。"

"高明，人的时间是无法重来的，要在有限的时间里完成大大小小的目标，就必须依靠有效的时间管理方法来达成。"汪总说："以'80/20法则'来说，营销人员完成的工作时间里，80%的成果，来自于你20%时间里的工作内容，尤其，营销人员需要自己管理与分配工作时间。我建议营销人员将每一天的工作时间分成四块：50%用于最重要的工作项目，25%用于重要项目，15%用于次要项目，另外10%用于其他项目。各类工作项目的占有比例是非常重要的。"

高明急切地问道："可是，营销人员的工作内容那么繁杂，我要怎样有效进行时间分配呢？"

汪总回道："其实，任何人的时间都是相同的，只是能否有效管理时间，决定了人生的成功或失败。营销人员最重要的工作内容，包含接触约访、销售面谈、提案建议、签保险合约、成交收保费等，也就是有直接收入的项目，这些工作内容每周要分配50%的时间以上。相信投入越多的时间在最重要工作项目上，日后的收入也将越高。"

汪总继续道："第二类为重要的工作项目，譬如公司业务性活动、业务检讨会、专业训练、客户售前或售后服务、递送保单、在办公室做提案建议、增员与面谈等。为了提升业务绩效的准备工作，也是重要的工作项目，必须去做，但以不超过 25% 以上的时间为原则。"

此时，高明对于自己 75% 以上的时间都必须直接或间接与客户在一起，就是说几乎时刻都得活在客户当中，感到有些惊讶，不敢置信。汪总说："次要工作项目约为 15%，譬如在公司处理文件、填写业务工作报表和业务活动记录表、建立客户数据文件、自我学习、制订工作计划等。"

高明紧接着问道："汪总，那其他 10% 的工作时间呢？"

汪总看着高明，半开玩笑地说："高明，做到了这些不成功都很难了，其他的时间就不重要了。例如家庭聚会、打球、运动休闲、办公室之外的非销售性活动等，约占 10%，这些项目既杂又繁，却会使你显得异常忙碌，可是对你的工作成果几乎又没有帮助。"

高明思考了一下汪总的话，回道："汪总，我明白了，身为一位保险营销人员，就应详细规划未来工作日程，按表执行行动计划与目标，每周制订行动计划记录表，检视工作项目内容分配比例，明确管理时间；若延误就找出理由，切实做好时间分配管理工作就是赚钱。"

汪总回道："没错，这样很好！随时检视自己的时间管理，要做时间的主人，就能找出预期的目标与实际执行的差异，借以提升业务目标的执行力。其实，最简单、有效的时间管理法则，就是'工作总成果 ＝ 工作效率 × 工作总时间'，假设能够切实投入 50% 的时间在最重要工作项目上，那么，就是投入生产性的工作时间越多，量化之后的成功机会也就越大，促成的机会当然就越多。当然，工作完成总成果越好，收入也就越高。"

第三篇　精英论战技法

第八章　业绩倍增的七大要点

　　虽然今天是假日，高明仍起了个早，帮老婆到市场去买菜。进入市场，高明一路和各个摊贩打招呼。他在猪肉摊前停了下来，老婆交代他买猪肉，准备做他最爱吃的卤肉。老板一边准备高明要的东西，一边问道："高先生，我看你一路跟人打招呼、谈天说笑，是不是你们做业务在外头奔波习惯了，每天遇见陌生人不但不会有压力，还能说笑？"

　　高明听了老板的话，自己也愣住了，说道："呃，老板，我倒没想过这个问题，可能是这样子吧！"

　　隔天早上，高明到了公司后，遇见汪总，便告知汪总猪肉摊老板的问题，想听听汪总的想法。汪总说："这就是营销人员特有的先天性格。高明，你还记得第一次面谈时，我帮你做了一份适性测验，将人的性格分为 4 大类 16 小项吗？"

　　"记得呀！性格大致分为 4 种——支配型、影响型、稳健型及服从型。"高明很快地回答："影响型属于整合型个性社交者，支配型属于主管型、务实型领导者，稳健型属于关系为重型，服从型属于分析型思考家。影响型及稳健型注重人际关系，而支配型及服从型则注重绩效的处理。"

　　汪总满意地点点头，说："其实，营销人员属于外向型，性格特质以影响型及稳健型为主。当然，人也可能受后天环境及情感的影响，并非一成不变。而从'事'的方面来谈，营销人员喜欢将时间运用在推销性质的活动上，且普遍认为一般事务性的工作很无聊。"

接着，汪总又说道："因此，对营销人员来说，一些推销拜访记录、工作日志、周控表、月份目标计划、支出记录等需要写作和记录的书面数据，均是不容易处理的，但是，为了提升成功的几率，记录是最好的评分工具。"

汪总打开桌边的数据柜，取出一份新闻剪报，说："高明，根据美国 MDRT 一群会员的统计资料，在客户拜访次数中，80% 为 8 次，10% 为 6 次，4% 为 4 次，2% 为 2 次。"

"高明，营销人员客户拜访的行动如果没有记录，就没有办法统计分析，当然也建立不了标准，更无法提升成功签约的几率。"汪总语气坚定地说道。

高明反问："汪总，那么我该如何有效地制订目标行动计划，提升销售业绩呢？"

汪总想了想，说道："我告诉你一个自己的经验。5 年前，营业部来了一位超级营业员，名叫陈明达，他那时的业绩经常是比我多了一倍。于是有一天，我便请教陈明达是否有什么独门招术，业绩才能做得这么好。陈明达一语不发，只是把一本手册递给我看，上头写着七个要点：①搜集客户资料，并考虑需求；②客观分析及确认后，再提建议；③让客户充分了解商品特性；④设立两倍的业绩目标；⑤惯用养鱼哲学；⑥每月进行客户分级；⑦每月自我检讨。"

"陈明达接着对我解释：'我花了 70% 的时间来搜集客户数据，并且思考客户的需求，所以去拜访客户时就能减少拜访次数和节省耗费在交通上的时间，这也同时凸显了我的专业及做事心思的缜密。对于每一位客户，我都做了客观的财务需求分析，并且与客户沟通确认后，再提建议计划案，客户对提案的接受度自然就高了。而我对于所销售商品的特性，一定会仔细分析个中利益，让客户充分了解，使他们可以自行评估商品是否符合他们的需求。再者，我将自己的业绩目标设为两倍，不过，虽然我设立了两倍的业绩目标，仍然会依照目标来规划适当的工作量，并且一定在规定时间之内完成预定数量的拜访。另外，我习惯运用'养鱼哲学'，并将客户进行分级，再依据不同的等级，设定不同的经营间隔。而每个月的月初，我会分别列出 A、B 级的客户名单，并且预估业绩来源，好方便经营及管理客户。最后，我每个月一定会落实工作方面的自我检讨，除了保持自己在工作方面的高要求，同时肯定自己在当月的表现，并且切实找出自己每个月需要改进的地方，让自己下个月会有更好的表现。'"

听到这里，高明有了疑问，便问汪总："陈明达手册里的'养鱼哲学'是什么意思啊？"

汪总回道："高明，'养鱼哲学'就是客户管理的哲学，意思是要把小客户变大客户。营销人员与客户的关系，就像养鱼人和鱼的关系，养鱼人要有耐心地等鱼逐渐长大，长大的鱼才捞起来，并且不断将小鱼放入池塘里养大，这样鱼儿才会取之不竭、用之不完。"

接着，汪总又进一步说："高明，关于客户的管理可实施四级管理法，亦即根据 A、B、C、D 不同等级的客户来设定经营间隔，以及保单预定签约的时间表。总而言之，客户的需求优先胜于业绩的优先，这样才能与客户建立永续信任的桥梁。切记，我们所要比的不是气大，而是气长和气足，这样才能永续经营市场。"

高明还是有点疑惑，接着问道："汪总，能否请你举一个实际的营销案例来说明？"

"我以我们营业部另外一位营销人员王志刚为例来说明好了。他和陈明达进公司前后相差不到一个月，他原是销售汽车的业务人员，卖车的业绩顶呱呱，但由于想要挑战更高的成就，便转行到我们这里来了。"汪总接着说道："因为王志刚自认为是卖车高手，所以在这行也能如鱼得水。但事实却恰好相反，在他刚起步的两年，业绩几乎都处于垫底状况，直到他快撑不下去时，他的主管才找他去面谈，并且要求他向陈明达请教。当时，陈明达也把七大要点告诉他，而王志刚之后把这七大要点拿出来仔细研究和思考，才顿悟原来保险营销人员就应该善用记录表好好检讨自己的做法，才能快速提升业绩。后来，他也照着陈明达提供的七大要点切实执行，才恢复了他当年在汽车业界的业绩盛况。"

"事实上，营销人员如果能够预估每月业绩目标来源，除了可以预先发现问题，还可以提早克服不足点，并且能更明确地了解自己的业绩目标到底在哪里，借此提升业绩目标的执行力，进而实现增加收入的目标。"

汪总对高明说："上天绝不生庸碌之才，千万不要小看自己，天生我材必有用，人若摆对位置、用对方法，则变人才，相反，错放位置、用错方法，机会就会全部消逝，而变成庸才。"

第九章　让客户源源不绝的方法

客户开发是保险销售成功的第一步，也是奠定保险事业最重要的基础，不断开发新客户，更是销售人员的天职！

今早，高明约了汪总，准备请教有关客户问题。进入单位会议室，汪总一见高明就问道："高明，昨天你去找李老板提建议书，有什么好消息要与我分享吗？"

"汪总，李老板还没有到签下保单的阶段，我会继续加油的。"高明搔搔头，不好意思地说："汪总，我心里也常有个疑问，既然保险这么重要，为什么客户买保险通常不会或很少自己主动找上门来，几乎都要我们这些保险业务员去找他们，而且我们还很容易就被客户拒绝？"

"的确，在许多行业，通常是客户主动上门，来找寻他们想要的商品。"汪总回道："如你要买车，可能会主动到不同的汽车经销处去比较、评估，甚至试车。然而，这种等待客户主动找上门来的销售方法，在保险市场上却是行不通的。"

"为什么？"高明问道。

"高明，因为保险是一种无形的商品，客户看不到，也摸不着，而且一张保单的利益，通常是多年后才会实现。所以，许多人感觉不到保险利益，也不觉得有购买的必要。"高明不断点头回应。汪总又道："因此，凡是保险营销的精英都不会以守株待兔的方式来等待客户，而是主动出击去找客户。他们了解这样的事实，都偏向主动出击以触动客户的心，鼓励客户做好人生风险的管理。"

高明回道："在竞争激烈的市场中，有效获取客户资源，往往是营销成功的关键，但是又不能像卖车一样等待客户上门，需要主动出击去寻找客户。可是，汪总，我刚从事保险业时间不久，究竟要如何做才能够拥有源源不断的客户？"

汪总点点头，继续说道："现实生活中，一般客户买了空调回家后，可以立刻享受空调带来的舒适；或者是买了一辆轿车，坐上车的瞬间，同时也立即凸显了人的尊贵感。可是，以爱心及责任为出发点的保险商品，客户既不能试用，也完全无法感受其即时性，因此，客户购买保险才会大都处于被动。"

高明心里纳闷，追问道："汪总，这个道理我明白，但不管怎样，客户来源仍是新进人员最忧虑的问题。关于这点你有什么建议？"

汪总说："我唯一的建议就是，永远都不要等待客户，而是主动去寻找客户。"他喝了一口水，继续说："首先，你想让别人尊重你，就必须先尊重自己，重视保险营销这份工作。"

"汪总，为什么这样说呢？"高明问道。

"高明，其实营销人进入保险业最大的障碍，就是对于保险工作的认同度。如果你认同这份工作，尊重这份工作，热爱这份工作，你就不会产生这样的疑惑。每个人在学习、成长的过程中，都一定会有很多同学或亲友等，不是吗？而且至少都会有几个最佳拍档吧？高明，想一想，有哪个好朋友是你认识很久现在却少有联系的？"汪总道。

这个问题一下子难住了高明。他闭目想了一会儿，说："汪总，我有一位在重庆的好朋友，是位相识已经有25年的同学，外号叫小毛。小毛已经结婚，并且有了一个8岁的小孩。"

"高明，认识25年的时间也算久。"汪总点头说道："假设有一天，小毛外出工作，意外发生车祸，一辆大货车疾驶而来，对撞上你的同学小毛，结果他身故了，留下老母亲、缺乏工作能力的老婆及8岁的孩子，高明，小毛和你有25年的交情，也算得上是半个亲人了，你可以帮上小毛什么忙呢？"

高明回答："不知道。最多送个礼给小毛，以表哀悼之意。"

"这就触动了保险这个行业的价值。资深人员都会认同这份有意义的工作，通过保险商品，可以让好友小毛免于遗憾。高明，告诉我，你还可以怎么做呢？"汪总说。

高明沉默不语。汪总预料到高明的反应，不待他回答，便补述道："高明，或许你向熟识的人介绍保险，会感到不太自然，那是很正常的。许多新进营销人员，最初也常有这种感觉。可是，一旦你能触动保险价值，完全认同你的工作，并且顿悟保险能够带给客户的好处，再向熟人介绍起保险商品，你就会感到理直气壮了。"

"汪总，对熟识的对象开口谈保险，难免会给对方及自己带来人情压力。"高明带点懊恼地说道。

"高明，让我们换个角度来看待自己的工作。假如你是一位外科医生，你的朋友生了病来找你诊疗，而且是需要开刀的疾病，你会因为害怕被朋友怀疑你想赚他的钱，而不敢告诉他需要动手术的事实吗？"汪总将高明的忧虑简单补述说："不管你是一位医生还是保险顾问，都应该告诉你的朋友自己专业的建议，不是吗？除非你卖的是人情，而不是保险。"

"依据专家统计分析，阻碍营销人员成功的因素有三项——客户开发占39％，自我管理占45％，专业知识占16％。在保险营销人员发展保险事业初期，最重要的客户来源为周遭熟识的人，例如朋友、亲戚、过去的同事、同好等，这也是我们所谓的'缘故市场'。"汪总对高明提出重点道。

"汪总，是否这些我们熟识的人也比较愿意相信我们，所以也比较容易接受我们提出的一些建议？但'缘故市场'总有枯竭的一天，我们又该怎么办？"高明问道。

"高明，你务必记住提醒自己，'缘故市场'只是你踏入保险业的一个起点而已。再者，每个人都一定会进入开发客户的中期，不断借助客户推荐或建立'影响力中心'。"汪总接着补述说："我的工作需要不断维持下去，所以必须借助你的推荐，你熟识的人或许会对我提供的服务感兴趣，因此，可请对方帮忙推荐三个客户，如此，你就不愁没有客户来源了。"

高明点点头，表示能够理解汪总的意思，又继续问道："汪总的意思是，营销人员需要不断延伸开发客户，保险事业才会永续经营并发展壮大吗？"

汪总顺着高明的思路，点头认可，又说道："营销人员开发客户要具备'漏斗效应'的想法。客户会像漏斗一样愈来愈小。一般来说，准客户的来源是很多，但能够真正成为客户的人却会愈来愈少。"

高明又问："那么，汪总，有哪些开发客户的渠道呢？"

"高明，首先必须了解开发准客户的渠道，这些渠道大致有陌生销售、客户推荐、电话直销等。"汪总喝了一口水，继续说："销售的先决条件在于成功开发客源，除了依靠关系及客户推荐之外，你可以运用电话开发技巧，从企业名录、会员名录、电话号码簿、名单销售公司、毕业纪念册、展览活动会场等去开发客户，再运用卡片管理，筛选出潜在客户的名单，创造适合你自己的客源开发渠道。"

"汪总，你觉得我能用什么方式去开发那些准客户呢？"高明更进一步问道。

汪总回答："高明，你可以运用开发函件、电话邀约、大卖场销售展示、电子邮件、手机短信等渠道，但无论使用什么方式，只要可以获得有效的回复，就是最有效的客户开发方式。"

"汪总，你还有什么可以不断延伸'缘故市场'的招数吗？"高明问道。

汪总继续说道："我有两招扩大'缘故市场'的招术：一招称为'关系井字八法'，此法又叫'曼陀螺法'，另一招就是'互利共生法'。我借着这两招来打通思路，招来源源不断的客户，开启准客户之门。"

这时，汪总走到办公桌前，打开抽屉拿了一张白纸和一支笔，在白纸上画了一个"井"字，并在"井"字的中间写上高明的名字。

汪总望着高明，说道："你自己就是寻找准客户的起点，以'井'字形的格子，扩大营销思路，此为'曼陀螺法则'。首先，你可以从亲戚，比如你的姑姑、阿姨、叔叔、伯伯等开始，接下来就是你的一些亲近的朋友和加入的社团，以及从幼儿园或小学开始的同学等，然后就是与你有相同兴趣的伙伴，以及与你平常往来的对象，如市场的菜贩、肉贩、鱼贩等。这个方法将引领你把一些人名填入合适的位置，之后，以'井'字接着另一个'井'字，不断连结起来，你就能打造成功一个自己的人脉网络。这是开发客户的第一招。"

接着，汪总又说："至于第二招'互利共生法'，就是从你认识的'井'字中的朋友群中，列出其他行业营销人员的交换名单，开发另一渠道的客户，在名单发展上互利共享。"

汪总说完，高明没有接话，此时陷入一片沉默中。高明叹了一口气，道："汪总，说真的，我实在很羡慕那些人际很广、人缘也好的保险营销精英。"

"其实你也不必羡慕他们，高明，别看那些业界精英现在风光，当年他们也都是这样努力过来的，不是吗？况且，不管从事哪一种行业，除非是特殊案例，不然都没有人能够一步登天的，完全是一步一个脚印这样走过来的。"汪总说道："高明，像我们崇德团队的主任赵清文，刚进入业界的初期，自己也没有什么人脉，都靠着开发电话簿名录，再通过推荐新的客户来源，慢慢地才在业界开拓出一片天。高明，我相信你也可以的。"

听了汪总的话，高明充满信心地点点头，又问道："汪总，能不能请你示范一下电话约访的技巧？"

汪总爽快地答应，随即要高明挑选一名客户来示范电话约访的技巧。高明假装拨电话给从前的客户高兴公司的蔡总，说道："蔡总，你好，我是高生科技的高明，最近好吗？"蔡总回应："马马虎虎。"

汪总指导高明继续说："蔡总，今天打电话的目的是因为我最近转换了工作，刚在三丰保险接受培训，老师规定需要做三个市场调查。不知道你明天下午两点和后天早上十点，哪个时间方便？只需要你十分钟，请你帮忙一下好吗？我想请教您五个保险行业的问题，放心好了，你不必做任何承诺，我不会强行对你推销保险商品的，相信你会愿意给朋友一个机会的……我想，这样蔡总应该会答应面谈的。"

"汪总，真的这么简单吗？"高明表情疑惑地问道。

汪总笑着说道："高明，做事情先不要预设立场，不尝试，怎么知道结果呢？现在你先列出自己熟识的名单，再拨个电话尝试一下这样的说法。什么事情都是要尝试过，才会知道结果的！"

第十章　开发正确客户的机制

今天，汪总准备与高明讨论准客户的需求评估工具，让他在保险营销的过程中，能够了解客户如何下决心，以提高保单签约的几率。汪总对高明说道："高明，为什么客户会选择与你打交道？除了彼此的缘分之外，还有什么因素呢？"

突然被这样一问，高明有点不知所措，傻笑着回道："不知道。"

汪总道："第一印象是吸引准客户好奇与兴趣的关键，但营销人员要进入最后的保单签约阶段，必须了解客户购买保险商品的目的。"

高明摸摸头，不明白汪总话中之意。这时，秘书赵美走了进来，听到俩人的谈话，就补充说道："意思就是营销人员必须先了解准客户的保险需求，以及保险合约到底可以协助准客户解决哪些问题。"看着高明仍一脸疑惑的样子，赵美继续说："这就是咱们老祖宗在《孙子兵法》谋攻篇中所说的'知己，知彼，百战不殆；不知彼，而知己，一胜一负；不知彼，不知己，每战必败。'"

汪总接着说："高明，营销人员大都有成功的期望，且都很认真。但是，为什么会有那么多的保险营销人员尝到失败的苦果？都归因于对客户的心理了解不够。"

"汪总，那也是没办法，销售经验不足嘛……"高明想了想，然后回答道。

汪总说："老子在《道德经》中谈到用兵时说：'吾不敢为主，

而为客；不敢进寸，而退尺。是谓行无行，攘无臂，仍无敌，执无兵，祸莫大于轻敌，轻敌几丧吾宝，故抗兵相若，哀者胜矣。'"

高明听了很纳闷，问道："汪总，这老子的《道德经》与营销人员有什么关系？"

汪总说："营销是另类心理作战。高明，刚才那句话的意思就是说：'我方不敢主动发动战争，只有不得已，才被迫应战；不敢逞强躁进，宁可退让保全，这就是以退为进、以柔克刚的方式，就是前进时，让对方看不见大军，看似抵抗，却找不到抵抗的手臂，让对手以为没有敌人，也看不到我方的士兵。'"

接着，汪总道："两军交战最大的祸害是轻敌，轻敌会丧失我方的优势。若两方实力相当，姿态较低者较有机会获胜。"

高明点头，说："真是高深的学问。"

"所以营销访问时，表面要谦虚，姿态要低；但内心要有自信，认同保险的价值。高明，勿将准客户当战场，那会消磨掉营销人员的自信的。"汪总接着说："营销人员容易犯三个错误：第一，高估准客户的保险观念；第二，忽视了要不断请求其推荐客户；第三，以系统的步骤与准客户对谈。"

这时赵美走到旁边，从抽屉里拿出一把餐叉，递给高明，高明接过叉子，赵美问他："你能理解我拿叉子给你的目的吗？"

高明干脆地回答："不知道。"

赵美说："对，保险营销人员最容易犯的错误就是不知目的为何。就像我拿了一支叉子给你，但你却不知道叉子是要干什么用的。这就像保险营销人员高估了准客户的保险观念，而太早送出策划书。而高估了客户购买保险的需求，也将埋下失败的种子。保险营销人员必须不断地请求客户推荐新名单，每次与准客户交谈也都要有推进进度的计划，否则终有'阵亡'的一天。"

"努力工作，不如有效工作。"汪总道："保险营销人员一定要将客户做有效分类，才能拟订拜访计划。然而，对于保险营销人员而言，最糟糕的莫过于不清楚准客户属于 A、B、C、D 级的哪一级。因此，每天忙进忙出，不断地递建议书，绩效却不显著。"

"高明，拟出一个名单以后，可依照准客户的责任、负债状况、营销人员与客户的关系熟识程度、准客户收入高低、推荐发展潜力等指标进行分类。有效分析等级量表之后，依照准客户 A、B、C、D 不同等级，定期安排不同的拜访计划。"汪总说："高明，其实任何人买东西都有目的，也受预算约束；当然，支出也有先后的顺序。因此，虽然人人都可能是准客户，但等级明确之后，才能有效安排工作。"

高明问道："汪总，这么说，情报的搜集是销售的前提，可是我还是不太明白该怎样划分准客户等级。"

汪总说："首先，你要懂得判断决策人物是谁，购买需求为何，预算约多少，年龄与你相差多少，以及客户的扶养人数及收入如何。"汪总说："营销人员绝大多数是右脑型，擅长人际、有活力、有创意，往往把客户的情报整理记录当成苦差事。保险营销人员要有效地开发客户，就要彻底改变这种思想。"

汪总举例说："我有两个客户——林女士和王老板。林女士是一般上班族，年约 40 岁，是单亲家庭，育有两个儿子，房屋分期贷款有 30 万元，是一位不容易接触的准客户。事实上，林女士根本不想买保险。而王老板年约 35 岁，已婚，育有一子，有住房，但没有贷款，已经送出了 3 份建议书，但每次访谈他都表示考虑考虑。按照这样的情况来看，高明，哪位才是该优先的准客户呢?"

高明回道："林女士的保险需求比较高，她单亲又育有两子，又有房贷，责任重，但林女士本身买保险的意愿却不强；而王老板的资金运用活络，有家庭，育有一子，相对保险需求低，但容易接触。我觉得两者之间，应该以林女士为主要目标。"

汪总点头回应，说道："高明，拥有众多准客户名单，是个不错的营销人员。但事先没有做好需求调查，不了解客户，也没筛选出高价值的准客户，如此很难提高工作效率。像王老板也有保险需求，但需找到购买的理由，他收入高，符合准客户的条件，但是，林女士相对需求高，但收入有限，信任也需要培养，应视为长期经营对象。"

"别忘了，准客户的选择，其实有五个基本筛选条件：第一，有独立经济能力的人；第二，有购买决定权的人；第三，有保险观念或需求的人；第四，明显身体健康的人；第五，易于接触的人。"汪总道："如果准客户是对高收入夫妻，一个双薪家庭，有8岁和3岁两个小孩。首先，你必须先去了解这个家庭是不是还有经济能力；其次，谁有决定权；最后，以前他们是否买保险，如果已购买了保险，那保额是否足够。"

汪总又换了另一个角度切入："高明，设想客户为单身贵族，目前没有打算结婚。首先，你必须评估这位准客户是否有经济能力；其次，是否需要赡养父母；最后，评估已经准备了多少现金或他们是否拥有保险，如果购买了保险，保额是否足够。万一不幸伤残，又该怎么支付照顾费用。"

接着，汪总解释道："准客户大都要进行完善的需求评估分析。例如，以美国百万圆桌协会（MDRT）会员为准客户评估分析等级，有5项需要注意的因素：第一，年龄。与客户的年龄差距太大时，有时在沟通上会有困难。第二，婚姻。已婚者责任感较重，未婚者需求较小。第三，收入。收入较高者投保能力较高。第四，需求感。在客户周围是否发生过灾难的情形，或因自身遭遇而对保险有较迫切的需求。第五，子女。子女有几位及其年龄大小，都影响客户对保险的需求。根据准客户评估原理，将准客户的需求及条件，事先按条件分类筛选，并计算出总分数。然后，再将客户分为A、B、C、D四级，根据优先级安排经营与约访。相信只要辛苦经营几年，业绩一定能够提升。"

汪总继续说道："准客户评估之后，列为'A级'的，则为最适合开发的对象，此准客户要尽快联系，目标是30天内成交，拜访间隔为3天；'B级'的，则列为短期开发准客户，预估成交期90天内，拜访间隔为15天；'C级'的，则列为中期开发准客户，成交期为180天，拜访间隔为30天；'D级'的，列为一般名单用途，真如养兵千日用兵一时，此为长期经营的准客户。"

　　高明双手抱胸，盯着汪总看，说道："汪总，我想我必须重新评估准客户了。不然，真的会浪费许多宝贵时间，还傻傻地认为只要是有需求的客户，都是有希望的 A 级准客户呢！"

　　"有效地评估客户，是一个随时随地用心观察的过程，保险营销人员在接触目标对象以后，要先一点一滴地分析自己所得到的信息，再筛选、精选，找出重点潜在客户，然后，订出客户访问活动计划。"汪总开心大笑，回道："哈哈！高明，我在你身上看到了我以前的冲劲，这是件好事，但在工作上要懂得联系从每件事情经历的过程，运用每个课程上学到的技巧，这才是学以致用的聪明人。"

第十一章　建立客户影响力中心

　　今天的会议室里坐满了新进的保险营销人员，他们等着分享"营销拓展的生命——源源不断的客户"的研习课程，课程由王德昌经理担任讲师。

　　王经理上台后，说："从事保险事业初期，客户的来源有陌生开发与关系利用。虽然，有的客户是通过'扫街'开发出来的，但一般刚开始入行，客户的来源以'缘故市场'居多，因为'缘故市场'来自你的旧识，如你的朋友、同学、亲戚和过去的同事，或经常付钱买东西的商店老板或员工、菜市场摊贩等。"

　　话一说完，下面马上就有新进保险人员举手提问："王经理，从'缘故市场'建立起来的保险市场，感觉不太好，赚好朋友的钱好像怪怪的。"

　　"这是新进保险营销人员普遍的观念。但是，因为这些人认识你，也相信你，所以比较容易接受你的观念。因此，与他们接触约访的技巧，也比较简单，比如通过电话接触、直接拜访、信函邀约或交替运用都行。"王经理笑着回答："或许你对认识的人，开口销售保险会感到不自然，其实这样的反应很正常，许多保险营销人员最初也有这种感觉，但是，如果你能够完全认同保险的意义和功能，并且了解你的工作能带给客户的好处在哪里，那么，你便不会有这种想法了。"

　　为了让学员快速理解，王经理举了一个例子，说道："假如今天你是一家医院的医生，也是医院的负责人，你的朋友胃溃疡生病了，需要住院开刀，那你会害怕朋友怀疑赚他的钱而不敢告诉他需要动手术吗？"

下面的学员纷纷回应"不会"，或以摇头方式响应。

王经理说："那就对啦！那是因为你在帮他解决问题，拯救他的生命，并且，医师是接受过专业训练的。所以，如果你接受专业训练，而且认同你的工作，便不会有人情压力的存在了。"

王经理看着下面的学员点头认同后，又继续说道："各位，不管你是位医生，还是名保险营销人员，都一样接受了专业训练。所以，从今天起，你更应该告诉朋友你专业的保险规划建议，那是你的责任！而是否购买取决于他们。营销精英都懂得'借力、使力、不费力'，营销人员借助朋友的力量，再去发掘他们认识的人，经过拜访后，再找出对保险商品感兴趣的人。只有经过不断的推展延伸，保险市场才会茁壮成长。"

"其实你的'缘故市场'只是一个起点，而保险事业是人的事业，营销人员客户来源不能中断，那是营销拓展的生命。所以，我们除了以'缘故市场'为起点，同时要求客户推荐新名单之外，还有一项客户开发的长期策略，在业界里称为建立'影响力中心'，或者是培养'业务来源中心'或'客户介绍中心'。所谓建立'影响力中心'，就是在你的人际网络中一定会有一些具有影响力的人，能够成为你的'影响力中心'的人选，当然，绝对不是每一个客户都是。"

此时，又有学员举手问道："王经理，可否再说清楚一点？如果说'影响力中心'愿意推荐他的人脉，让保险营销人员业绩蒸蒸日上，那这些人总该有一些特质吧？"

王经理回道："嗯，没错，'影响力中心'应该具有下述五项特质：①关心你的成功；②对你的能力有信心；③人脉广；④愿意将你介绍给他认识的人，并提供相关的数据给你；⑤愿意动用他个人的威望与关系，作为推荐介绍的基础。"

高明一直认真记着笔记，听到这里，便举手发问道："王经理，保险营销人员为了提高'影响力中心'的推荐愿意，有什么需要注意的事项?"

王经理回答:"关键是营销人员是否值得'影响力中心'的信任!不过,有些客户就算信任你,也不容易培养成为'影响力中心',事实上,这有赖于你是否也是一位具有影响力的人。"

接着,王经理说:"《古兰经》中说得好:如果你叫山走过来,山不过来,那你就走过去。也就是说,保险营销人员本身的主动热情相当重要,而且保险营销人员也需要知道从'影响力中心'得到的不应仅是一些名字而已,还要包括这些人的基本数据,以便判断他们是不是合格的准保户……"

讲座结束以后,高明回到办公室,开始在记事本上整理上课的学习重点,以及课后分组讨论之新客户开发技巧——掌握推荐的时机、运用介绍卡、从介绍人处收集被介绍人的资料及赠送小礼物给介绍人等等,感觉获益良多,并且列出自己客户中'影响力中心'的名单。

中午,高明与汪总等人一起用餐。刚坐下用餐,汪总便问道:"高明,听了早上的讲座有没有收获?"高明回答:"汪总,保险事业的经营是一辈子的事业,我们大都知道要以'缘故市场'的客户为开发起点,除此之外,更要去思考哪些客户还可以值得开发,并且掌握其重要观念和技巧,这样才能确保客户源源不绝。"

汪总点点头,道:"嗯,简单说,就是注意三个要点:第一,要养成每天培育准客户的习惯;第二,让客户介绍客户,每一位准客户或客户至少可延伸三个名单;第三,建立客户影响力中心。"

在旁的秘书赵美也对高明说:"我有个好朋友,也就是我们公司的同仁林玉芳。上周和玉芳吃饭时,她向我提到自己的切身经历,情况和客户开发话题类似,你有兴趣听听吗?"

高明笑着点点头。

秘书赵美便开始说道:"前一阵子,玉芳在番禺区卖了一份保险给修车厂王老板。当她让王老板签好约,收拾好资料准备要离开时,又回过头来对王老板说:'王老板,我的工作其实跟你雷同,都需要通过推荐增加服务对象。所以,能不能请王老板帮我推荐两位客户,让我介绍我的服务给你的朋友？你的邻居最近有人结婚吗？'当时，王老板只是冷漠回道：'我哪知道谁需要保险呀？'但玉芳仍然保持一贯的热情，说道：'王老板，你的朋友需不需要保险，自然有他们的选择，而我只不过单纯想把好的保险商品，以专业的方式提供他们了解，让他们在往后的生活里更有保障而已。难道你不想让你的朋友多一份保障吗？'玉芳依然很热情，不久，王老板消除心理防线，语气平和地说：'我有一个高中同学姓凌，住民生小区，最近买了一套房子，大概有100多平方米，或许你可以去拜访他看看，电话是……不过，我不确定，他是否需要保险。'于是，玉芳感激地看着王老板，说道：'王老板，真的谢谢你！我会尽快找时间去拜访他，把专业建议告诉他。'"

高明听完后，回道："林玉芳还真厉害，用热情软化了王老板，倘若保险营销人员一被客户拒绝就立即退缩的话，那么，有再多的后援都徒劳无功。是吗？"

"是呀！其实玉芳很聪明，懂得随机应变，我想这也是一位优秀的保险营销人员必备的条件。"秘书赵美笑着说道。

汪总说："高明，保险营销人员拓展保险业务，必须借着'缘故市场'这个跳板，进一步要求介绍客户，以培养自己的拓展顾问群，最后建立'客户影响力中心'为目标。"

"汪总，那这个程序有哪些要领呢？"高明好奇地问道。

汪总回道："高明，建立'客户影响力中心'有几个要领，那就是：让客户先认同保险，感觉到推广保险是在造福世人，也是散播福音；而营销人员也要与客户保持密切联系，时常心存感激，并和客户分享成长及成功的喜悦，当然，也不要忘记将被推荐人的访问结果回馈给客户；保险营销人员要有推销'点'、'线'、'面'的观念，也就是要有'以客户延伸客户'的观念。"

过了一会儿，汪总拿出一堆客户数据记录卡，对高明说："高明，你从客户那里得到的信息，不应仅有名字及联系电话而已，还要包括这些人的基本资料，如年龄、婚姻、是否有小孩、是否买房、经济收入如何等等。"

汪总接着道："高明，透过这些数据，你可以判断这些人是否为合格的准客户，并且从中判断是否可为你做强而有力的推荐。此外，你还要关注这些被推荐的准客户，能否增员为'客户影响力中心'的拓展顾问。"

高明默默地听着，汪总继续道："在传统模式上，保险营销人员会花许多时间、精力及金钱在人际关系的经营上，但是，就'需求导向模式'及'利益说明法'而言，保险营销人员投入的时间愈短，经营'影响力中心'的效果反而愈大，甚至比传统销售法的绩效好上几倍呢！"

"汪总，拓展顾问通常会以'我不确定谁会需要保险'之类的话来应付，依据你的经验，有什么具体技巧性的推荐方式吗？"高明随后问道。

"只要请对方提供需要服务的名单，不必担心谁会需要保险这个问题，因为了解是否需要是保险营销人员的工作，不是推荐者的工作，而且拿到名单之后，千万记得要适时回馈联系情况给推荐者。"汪总回忆道："多年前，在一个小乡镇，我遇到了一位经营脚踏车行的李老板。我曾向李老板提出推荐客户的要求，李老板就说：'我不确定有谁会需要保险。'那时，我看见李老板桌上有许多名片，于是便问他：'这些人有谁是你最常联系的？又有谁最近刚刚高升？或是你通常跟谁一起从事休闲活动？'甚至进一步问他：'李老板，在你周围是否有30岁左右、已婚、有小孩的朋友？'就这样，那天我收集到了十几个有效推荐的名单。当我要离开时，我又告诉李老板：'李老板，有机会可以请你亲自出面、拨个电话或是以卡片、短信为我引荐你所推荐的客户吗？或者允许我在接洽客户时，提到你的名字吗？不知道你觉得哪一种方式比较方便？'李老板自然选择了后者……"

有了这次经验及汪总的点拨，高明后来再也不担心客户的来源了；而他在要求客户帮忙推荐时，也不仅仅是一再强调保险的好处，而是让客户觉得自己同时也是在帮助朋友，是在提供朋友一份合宜

的保障。也因此，高明顺利地建立了'客户影响力中心'，并深刻感
受到有人的地方就有客户，他也愈来愈真正感受到营销工作的快
乐了。

第十二章　情境电话轻松成交术

一早，高明就到了公司，一进门便看见办公室布告栏上贴着的大海报——"情境电话约访术"课程："30 秒，让客户对你兴致高昂；30 秒，决定你 30 年以后的成就；当然，30 秒的时间，也可以让客户很快挂断电话！利用情境电话，绝对是保险营销人员应掌握的关键技术！"高明立即被这几句极富感染力的话所吸引，决定立即报名参加。

报了名，到了授课日期，高明满怀着期待前往参加。主持人一开场就对前来上课的学员说："'情境电话轻松成交术'对于保险营销工作来说真的很重要，因为无论是开发市场、服务老顾客或做市场调查，都会用到它，而这也是客户关系管理不可替代的工具，所以情境电话的沟通技巧，绝对是营销必备的生存技能。"

主持人接着介绍讲师："今天授课讲师为苗士强老师。苗老师最大特色是实务经验丰富，有十多年的讲师培训经验，被业界评为顶级金牌讲师，并担任众多大企业培训顾问，本公司也多次邀请苗老师前来讲授课程。除了讲授时间管理，今天苗老师还要交我们如何轻松完成电话成交，讲授的课程纲要大致分为四部分：①情境电话营销的优势；②有效的情境电话约访；③被拒绝的回应技巧；④成交签约二选一的技巧。现在，让我们热烈欢迎苗老师！"语毕，学员们一阵欢呼。

苗老师简单问好后，说："营销人员电话约访是否成功，绝对不在于你所推荐的商品好还是不好，或客户到底那时忙不忙，而在于你能否在 30 秒内成功吸引客户注意。大家只要按照我今天所教的情境话术模式，每天只要持续不断地练习，直到如同拨电话回家一般自然，成功就指日可待了！"接着，苗老师直接问学员道："各位，是否有问题要问？"

高明于是举手问道："苗老师，有效的电话营销技巧有哪些特别需要注意的事项？"

苗老师点头说："这个问题很简单，但十分重要，也正是今天授课的要点。在进行电话营销时，表达内容要固定，谈话要有感情，态度要真诚。另外，我们也要预先做好准备，也就是目的要明确，掌握行业最佳的约访时间，备妥归类过的名单数据及客户回馈记录表格，方便后续跟进使用；并且事前演练，这样就可以开始打电话了。"

高明接着问道："苗老师，可不可以请你直接举个案例，为学员示范电话约访技巧？"

苗老师自信地回答说："可以。假如有一个准客户叫王福基，今年 31 岁，是私人软件公司的项目经理，有公司股份，没有保险，每月平均收入为 8 000 元；配偶谢璇璇，今年 29 岁，是广告设计主管，本身有基本的保险和团体保险。高明，等一下就请你扮演王福基。"

于是，高明站了起来，苗老师假装拨打电话，电话铃响。苗老师接着开口问道："请问是王福基王经理吗？"

高明答道："我就是王福基，请问你是哪一位呀？"

苗老师听了便开始自我介绍："王总你好！我是三丰保险公司的苗士强。"

高明回答很干脆："保险不用了，我没有兴趣。"

苗老师一边对话，一边解释说出现这样的情况，表明准客户未了解，所以对保险缺乏兴趣。接着，苗老师回应道："我懂，我只希望能够有一个见面的机会……只需要 20 分钟，20 分钟一到，我便立刻离开。"

高明："我看不必了，我对保险没兴趣。"

苗老师："我了解。王经理，我保证不会在 20 分钟里向你推销人寿保险。"

高明："我看不必了，我不会买保险的。"

苗老师："我了解，王经理，这是我的工作，我知道就算拜访你，也没有多大希望。但是，连见一面的机会都没有，更不可能有希望。我只需要占用你 20 分钟的时间，我保证不会向你推销保险。同时，这次拜访后，未经你的同意，也绝不会再来打扰你。"

高明："我看不用了，你不要浪费时间了。"

纵使不断被拒绝，苗老师仍真诚地再一次提出见面的要求，让准客户无法再拒绝。苗老师说："王经理，见面地点完全配合你，你只需待在公司里，你晓得我必须开车到你公司，或许还要找个停车位，不知道又需要多花几个 20 分钟，但这是我的工作，我心甘情愿。由于我尊重你的时间，也希望你能给我这个机会，相信你公司的产品，也是需要客户给你们的营销人员一个见面的机会的。"

高明："噢。"

此时，苗老师准备收尾，以二选一的促成法则说："王经理，明天或后天下午两点，哪个时间有空？"

高明："好啦。那你明天下午两点来公司，只有 20 分钟喔！"

现场响起一片掌声，高明缓缓坐下。其实，苗老师与高明扮演的王福基的对话，代表着营销人员在电话约访时，以能激起准客户接受面谈为唯一的目标。接着，苗老师说："各位学员，千万别让负面的信息被重复提起，使得准客户产生更坚决的拒绝念头。不过，虽然准客户潜意识中的疑问已经暂时消除，但潜意识仍然是拒绝的；因此，保险营销人员在与准客户对话时，若准客户提出负面信息，务必立即礼貌性打断。"

有学员举手问："苗老师，电话营销除了可以强化与客户的关系之外，对营销人员到底还有什么样的优势？"

苗老师点点头，回应道："速度是电话营销的最大优势。根据统计，保险营销人员每拨 100 个电话，平均就有 3 个可以约访成功。因此，传统营销人员每天要拜访 3 位客户，电话营销至少得拨上百位准客户，另外，电话营销不需要支出交通费和交际费，每天准客户的拜访量超过传统营销10倍以上。此外，通过电话营销还能及时掌握客户需求，大幅节省营销人员的时间成本，有效增加营业收入。因此，电话营销可以说是最有价值的营销趋势。"

高明举手问道："苗老师，一般人常存在害怕被骗的心理，而比较乐于向信任的人购买商品。但是，电话营销发生在陌生的两人之间，接触的时间也短暂，那我们如何在短短的30秒时间内，激起准客户交谈下去的意愿？"

苗老师回答："最出色的保险营销人员，可以很自然地建立与顾客之间的信任感，至于如何快速在30秒之内，与客户建立起信赖关系，能够做到这样的保险营销人员必定懂得倾听，并且善于使用客户的行话，让客户觉得你了解他，凡事会替他着想，以为他解决问题为出发点……"

课后，高明回到了办公室。汪总笑着对他说："高明，坚持，是约访成功的唯一的路。除了要有约到客户的决心，剩下的，就是话术的熟练及客户的名单来源了。情境电话技巧是可以通过不断练习而获得大幅改善的，尤其电话中的语气音调、内容表达与临场应变等，更是决定成败的关键因素！"

高明进一步向汪总请教，问道："汪总，那保险营销人员在电话约访过程有什么要注意的？"

汪总道："我认为大致需要注意以下几项：第一，最佳电话约访时间——拨电话的时间应该选在客户工作的空当儿，因此，最好能事先调查客户空闲的时间，避免引起对方的反感；第二，语调——电话是靠声音传达信息的，因此，开口的语调及语气都相当重要，如果你心不在焉或不耐烦，对方也能听出来，所以我们接到电话时都应该专心聆听，并将要点记下来，切勿边听边做其他工作；第三，内容简洁——每一句话的速度保持适中，不疾不徐，主旨明确，不拖泥带水，并且在打电话之前，养成先写下要点的习惯，那么，你在做电话营销时的表现也会较自然些。"

汪总喝了口水后，又继续说："所以，我们要做好电话约访，首先要有非常明确的想法，打电话的目的不是在卖保险、解说保单或是提供风险分析，打电话的目的，只是为了取得与准客户的面谈机会。因此，尽量不要在电话里详细解说保单内容，尤其是保费多少的问题，除非必要，只适宜透露一两个商品特殊的优点。"

汪总笑眯眯地望着高明，解释道："原则上，营销人员电话约访有五个步骤，你可以参考：①用最短的时间介绍自己；②技巧性地介绍公司和工作，消除客户心理防线；③赢得客户的信任，并引起兴趣，此为关键30秒；④请求给予面谈时间，同时准备接受客户的拒绝；⑤确认面谈时间及地点，表达感谢之意。"

汪总说："高明，我直接示范给你看吧！就这位好了，喏，我的客户章维明，是一家文具公司销售部门的项目经理，今年31岁，是由我的另外一名客户圣德制药公司的总经理王廷轩推介给我的。如往常般，我会先调查准客户的资料，章维明每月收入约8 500元，与29岁的妻子李圆圆刚结婚没多久，李圆圆是一家广告公司的设计小主管。"简单介绍了章维明的情况后，汪总拨通了电话，说："请问章经理在吗？"

章维明："我就是，请问你是哪位？"

汪总："你好！章经理，我是三丰保险公司的汪平，你的好朋友王廷轩总经理介绍的。章经理，我可以用3分钟时间向你介绍最近与王总讨论的，专为忙碌人设计的边存边提计划及健康设计的项目吗？这个项目计划的主旨是提醒人别忙到把身体累坏了，要记得定期放松心情度个假，为了亲人储备精力，这个项目计划给了忙碌的现代人不少新的启发，建议你也参考参考。章经理，明天下午3点和后天下午4点，你觉得哪个时间比较合适？"

章维明："你人不用来，将资料寄来就行了！"

汪总："章经理，本来寄资料也是可以的，但章经理你是最有代表性的主管，一定要亲自说明才行，只要给我10分钟的时间，我只希望彼此能有一个见面的机会。章经理，明天下午3点和后天下午4点，哪个时间比较合适？"

章维明："没兴趣。"

汪总："章经理，没兴趣没关系。就算你有兴趣，你也不一定向我买，我只想跟你分享现代人健康的问题，只要 10 分钟，我简单请教你几个问题就好。我保证 10 分钟一到，立刻离开。"

章维明："那……后天下午 4 点好了，但只有 10 分钟喔，况且我也不一定会购买。"

汪总："章经理，谢谢你！后天下午 4 点办公室见，谢谢！"

放下电话，汪总对高明说："电话营销其实没什么技巧！重要的是你要去了解它，就如外国一位名人曾说过：'一个人成功的因素，专业知识只占 15%，另外 85% 是来自于他的修养、人际关系及态度。'电话营销就像路上的红绿灯一样，一会儿红，一会儿绿，红灯亮起的时候就禁止通行，绿灯亮起的时候就一路通畅无阻，慢慢习惯了自然就得心应手啦！"

第十三章　找出客户真正的需求

　　高明一早就迫不及待地到汪总办公室报到，因为汪总告诉他今天要传授他"智能型业务战的核心技巧"，借此打通保险营销的"任"、"督"二脉。

　　没想到，高明一进入办公室，汪总瞧见满脸兴奋的他，便语重心长地说道："高明，先送你一句禅语：'一回生，二回熟，三回好下手。'营销功力是需要时间练就的，成功无快捷方式，应一步一步地来。"

　　汪总继续耐心地教导高明："高明，智能型业务战有两项核心的技巧。首先使用'提问销售法'（SPIN）找出客户需求，再使用'利益推销法'（FABE）解说提案建议。如果搞定了，不必花很长的时间，就能够独立且有效地完成保险营销作业。"

　　高明如获至宝，问道："汪总，'提问销售法'与'利益推销法'是什么样的技巧啊？"

　　"那是在 IBM 和 Xerox 等公司的赞助经费下，对众多高薪营销高手调查其营销技术后整理完成的。因此，'提问销售法'是实战转化为理论模式的法则。"汪总望着窗外思考了一会儿，接着说："其实'销售提问法'（SPIN）就是现状问题（Situation）、困难问题（Problem）、牵连问题（Implication）、需求和价值问题（Need－Payoff）四部分组合而成，也代表四种不同的问题提问模式，它运用了四个关键问题来提问、探询客户潜在的需求问题，从而顺利地卖出产品，是操作性很强的约访需求调查法则。"

　　高明恍然大悟道："噢，汪总，我知道了，那么，'利益推销法'就是用在提案建议说明时，以此突显商品的价值，有助于提高成交的绩效。换句话说，'营销人员在卖出商品之前，要先把商品的客户利益与商品价值卖出去'。"

汪总点点头，颇有"孺子可教也"的欣慰。高明又问道："那么，汪总，关于'提问销售法'这方面，能否请你再深入说明?"

汪总回应道："高明，约访需求调查时，用'提问销售法'是无形产品或销售大保额保险时的最佳策略，不过，运用时应具备专业知识并以与客户建立信任为原则，然后通过提问，引导客户消费，使客户了解购买的急迫性和重要性，从而主动采取必要的行动。"

高明专心地聆听，唯恐有疏漏。汪总继续说："'提问销售法'运用了'起'、'承'、'转'、'合'的技巧。'起'以提问现状问题为重点，以搜集基本资料为目的，比如：准客户的收入约多少? 婚否或子女年龄多大? 准客户目前购买保险了吗? '承'是以提问困难性问题为重点，以探索客户关心的项目，如：准客户有让小孩上大学的计划吗? 对于退休有什么看法? 有房屋分期贷款吗? 有没有完善的退休计划? 或者准客户需要担负赡养父母的责任吗? 而'转'是以提问牵连问题为重点，以制造困扰问题，例如：准客户的小孩上大学计划中断，将会造成什么样的影响? 意外或疾病或收入中断，导致付不出房屋分期贷款，将会造成什么样的后果? 最后，'合'则是以不断提问牵连问题，确认客户的隐藏性需求并转为明确需求，保险营销人员提问需求问题，即价值问题，便是'合'的意思，例如：假如能够协助小孩上大学的计划不中断，对教育规划有好处吗? 以引导客户提出协助解决问题的意愿，将保险营销人员的角色转换成为协助解决客户问题的顾问。"

汪总不厌其烦，从头到尾说完，高明除了仔细听取，有时还会向汪总提问。"其实，销售就是一个与客户讨论的过程，只要一有机会就引导客户思考，或一看脸色就知是否接受，加以过滤后，向前推进。"汪总接着说："高明，我用鞋匠高师父想要销售马用鞋钉给国王的鞋匠王师父的例子，让你理解一下'起'、'承'、'转'、

'合'的技巧与价值。高师父对王师父说道：'王师父，请问宫廷养了这么多战马，每年需要消耗掉多少鞋钉？'这就是'起'的运用。王师父回应：'每年大约需要50万套。'高师父便用'承'的方法，又问道：'王师父，骑士的战马穿的鞋钉，可以不穿吗？'王师父回应：'不可以！那会影响战士心情与战役的胜负。'于是，高师父以'转'的方法，接着说道：'王师父，骑士的战马，如果少穿了鞋钉，马有可能失去蹄；马失了蹄，骑士无法出征；没有骑士，就会输了战役；输了战役，江山便会拱手让人。而这一切的一切，都是受这根小小鞋钉的影响！'王师父静静地双手托腮，默默地看着他。高师父又继续说道：'王师父，若我提供一套坚固耐用、舒适的鞋钉，对骑战马的战士有没有帮助呢？'这就是以'合'的方法作为最后的收尾。"

听完故事后，高明说道："汪总，这个故事很有意思，也让我发现，好像只要是销售，似乎都可采用这套'提问销售法'的策略。"

汪总打开档案夹，翻开收藏多年的剪报，递给高明，同时说："销售拓展访谈过程，其中有三点是精英销售人员必备的：第一，让客户讲得比营销人员多；第二，营销人员的提问较多；第三，保险营销人员在营销访谈的后期，才开始谈产品和解决方案，而失败的营销人员都急于谈论产品。"

高明看完剪报，望着汪总，问道："保险营销人员在营销过程中何时用'提问销售法'最合适？"

汪总耸了耸肩，开始解释所谓"销售回圈"："高明，任何营销活动都有四个阶段：第一，初步接触；第二，约访需求调查；第三，提案建议；第四，签约成交。在第二阶段的约访需求调查的表现，是决定营销是否成功的关键，这也是营销人员最容易忽略的，而'提问销售法'则是约访需求调查最好的沟通策略。"

接着，汪总清清喉咙，补述道："在'销售回圈'进入第二阶段的约访需求调查时，保险营销人员可运用实情探询、问题制造、牵连引导和需求认同四种提问，借此触及客户的要害，引出客户之隐性需求，转化为明确需求，并且放大客户需求的迫切程度，同时也揭示自己的价值或意义。"

看着高明眼中充满迷惑及渴望，汪总继续补述："高明，再次强调四种提问：首先，提出现状问题，了解关于个人或家庭、客户资产负债、保险的保障现况；接着，提出困难问题，启发客户隐藏的需求，并找出客户面临的问题、难题与不满，借以引发客户的兴趣，进而引导客户发现潜在的需求。"

汪总娓娓道来，高明频频点头，汪总停了一下，又继续道："下一步，转提牵连问题，就是为了使客户意识到问题，而不仅仅以无所谓的态度略过，从而导致非常严重的后果。最后，一旦客户认同需求的严重性与急迫性，产生提问需求，亦即价值问题，就应当引导客户的注意力从问题转移到解决方案上，并且让客户感受解决方案。"

为了协助高明彻底了解如何运用'提问销售法'，汪总继续道："高明，现在由你提一个客户的个案，让我来交你如何以'提问销售法'来引导对话。"

高明思考了一下，说："有一对来自湖南的夫妇，妻子名叫江蓉芝，今年31岁，在外资公司做人事管理，丈夫欧阳，今年也是31岁，是位软件工程师，夫妻每个月平均总收入为15 000元，平时花钱很节省，女儿欧陵今年两岁，夫妻俩每个月给双方父母各1 000元。欧阳夫妇每年支付保费大约1万元，其中，为欧陵买了投资型保险，每年缴保费约5 000元；另外，欧阳夫妇各买了其他家保险公司20年期终身人寿险20万元。欧阳夫妇的总资产约有30万元，包括位于广州市天河区东莞庄路的房地产，价值约50万元。还有股票投资约2万元，此外就没有其他投资了。"

高明讲述欧阳夫妇的状况之后，问汪总道："汪总，那我该如何运用'提问销售法'来提升绩效？"

汪总放下手上的茶杯，回道："高明，我们直接进入'销售回圈'的第二阶段——约访需求调查，以'提问销售法'从了解客户的现状开始，找出客户的潜在需求。"

接着，汪总请秘书赵美进来，让她扮演江蓉芝。汪总问："江小姐，目前你从事什么职业？"

江蓉芝："我在外资公司做人事管理，我先生是私企软件工程师。"

汪总："江小姐，目前有谁需要你和先生抚养？"

江蓉芝："我们的两岁小孩，及湖南老家的父母。"

汪总："江小姐，请问你的小孩多大了？"

江蓉芝："我们的小孩才两岁。"

汪总："江小姐，目前你们夫妻买了多少保额的人寿保险？"

江蓉芝："我们夫妻各 20 万元。"

汪总："我大概知道你们的情形了，我们来讨论一下未来的问题，这也是我对你们最大的帮助。江小姐，你们认为现在或未来个人或家庭最重要的目标是什么？"

江蓉芝："未来我们必须让孩子念大学。"

汪总："那么，江小姐，请问你们觉得孩子上大学要准备多少钱？"

江蓉芝："至少要准备 20 万元，孩子才能顺利完成大学学业。"

汪总："江小姐，假如你们夫妻中在几年后有一个人不幸丧生或残障了，那如何让孩子上大学呢？"

江蓉芝："我们各买了 20 万元的保险。"

汪总："江小姐，其实以你们目前购买的人寿保险，不能完全确保能够支付孩子上大学的费用。"

江蓉芝："我……"

汪总："江小姐，你们有没有储蓄计划，以及预防夫妻俩有人丧生或残障了还能够确保孩子上大学的计划？"

江蓉芝："这我们倒没有仔细考虑过。"

汪总："江小姐，那么，请问你们要维持现在的生活水平需要多少钱？"

江蓉芝："我看每年至少需要 6 万元。"

汪总："江小姐，假如我可以提出确保孩子上大学的计划，这样对你们有没有帮助?"

江蓉芝:"当然有。"

汪总:"江小姐,如果我可以帮助你实现愿望,你每个月提出一笔合理的预算解决问题,以每一单位 3 000 元或 6 000 元多少恰当?"

江小姐:"呃,3 000 元吧!"

汪总:"好,江小姐,我会将我们讨论的主题带回去研究,再提供解决方案供你参考。"

看了汪总的示范,高明问道:"汪总,这'提问销售法'听起来好像是一步接着一步的流程,步骤一定要这样一成不变吗?"

汪总回应说:"当然,我们拜访时,并不是所有销售情况都会遵照'提问销售法'的发问顺序。当客户表达明确的需求时,也可以立即问到其需求价值的问题。"

汪总另外举了一个案例,就是直接提出需求价值的问题。在广州市花都镇附近供职的张晨,33 岁了,夫妻都在政府机关工作,孩子刚满 3 岁,一家人月均收入约 1 万元,收入很稳定,单位的福利保障也很好;前年旧房改建,夫妻两人也各分到了一间套房,产权属于自己,他们将原有在花都镇南方小区附近的那间套房出租,每个月的基本房租收入可抵上一个人的工资收入。张晨没有什么投资,由于夫妻俩都在政府机关工作,节约下的钱也都存放在银行里。

汪总第一次与张晨碰面时,两人约在花都镇附近的一家小茶馆,汪总首先自我介绍道:"我是汪平,在保险业的经验已经超过 10 年了,并以提供完善的个人理财规划为专业,我可以根据你的预算及需求为你规划及决定商品,这是我的服务项目。请问我有什么可以为你服务吗?"

张晨说:"汪先生,我的小孩今年 3 岁,依据你的专业经验,我该增加什么保险好?"

汪总反问:"张晨,你需要的保险计划是为了给儿子储备教育费用吗?"

张晨回答:"嗯,我希望可以为孩子储备好高等教育的费用。"

汪总说："张先生，你放心好了，我回去好好规划一下，保证可以协助你实现那个储备高等教育费用的计划……"

大致而言，多数的销售拜访都遵循着'提问销售法'的模式来展开。保险营销人员可以适时提出需求价值问题，只要能够视情况提出合适的问题，相信在一问一答间一定能够获取客户更多的情况，有助于发掘客户更多的需求，进一步满足客户真正的需求，顺利达到预期的目的。

第四篇　赢者制胜秘诀

第十四章　让保险动起来的娃娃

　　因为明天早上 10 点半，高明约了光美书店的总经理陈飞鹏碰面，所以今天下午高明认真做好了客户提案建议书，为明天的访谈做准备。算一算，高明进入保险业界已经有一段时间了，他自觉从公司安排的课程讲师及前辈们身上学到了很多，更特别感谢汪总的不吝赐教，让自己在这段时间做出一点成绩。

　　隔天早上 7 点半，高明就进办公室了。处理一些事务后，高明再度检查公文包里所带的建议书、投保书及展示资料，准备出发赴光美书店总经理陈飞鹏的约访。9 点半，高明搭上公交车，在公交车上，他也没有闲着，闭上眼睛，运用潜意识想像到了光美书店与陈飞鹏面谈顺利的画面。

　　不久，高明抵达光美书店，比预定提早 10 分钟抵达。高明进入书店，表明来意，秘书说道："不好意思，陈总早上忙，他请你先坐一会儿，稍等他一下。"

　　"好的，谢谢你！"高明笑道。

　　大约过了 10 分钟。陈总回到办公室，说道："高先生，抱歉，我们约好了还让你等。"陈总拿了名片与高明交换。

　　"没关系，陈总，你待人很客气，光美书店在你的带领下，相信生意一定很兴隆！陈总，你在这一行多久了？"高明对陈总称赞并随口问道。

　　"7 年了。"陈总回答。

"陈总在图书这个行业 7 年，经验一定很丰富！"接着，高明继续建立关系，说道："陈总，请问你，被动等客户上门的书店，经营要成功的关键因素是什么？"

陈总道："对客户认真、诚恳、细心，让书店拥有另一个家的感觉。"

高明笑着说："陈总，你的理念真是触动人心，令客人感动，难怪会成功。"接着，高明为了收集资料，又问道："陈总，你结婚了吗？"

陈总开心地点点头，回道："结婚了，小孩已经 5 岁了。"

高明心中暗自思忖，此刻运用寒暄来建立彼此互信应该是足够了，于是说道："陈总，今天非常感谢你能抽出宝贵的时间，给我们公司服务的机会。陈总的公务繁忙，大约需要占用你 30 分钟的时间，提几个理财问题来请教陈总，并且了解你的保险现况。陈总，不必有任何压力，希望我们的交流是个好的开始。"

高明依序递出资料："陈总，这是我们公司的简介。我们公司属于集团公司，注册资本为 100 亿元，总客户数约 2 000 万人，目前每年的理赔等保险给付约 100 亿元。"

陈总回应："好，但我先告诉你，目前我还没有买保险的打算。我之所以答应和你见面，完全是因为你打电话来的态度很诚恳，所以我才愿意给你这个机会。"

"陈总，你愿意给我服务的机会，我已经非常感激了！"高明诚恳地回答，随即进入正题，说道："陈总，以前有没有人告诉过你为什么要买保险以及保险应该如何买对自己才是最有利的？"

"没有！你说来听听，但是必须抓紧时间，晚一点我还要去开会。"陈总回应。

高明回道："是这样的，在跟陈总分享为什么要买保险前，我想先跟你谈一个架构，如果清楚架构了，我就可以抓住陈总的需求。"

"好，你说说。"陈总道。

高明拿出一张纸，上面画着一个人形娃娃，接着开始说："我画了一个人来做比喻。头部这块是寿险，它是保单内容中最重要的一块。有了头部，才有下面的身躯。简单地说，买寿险买这个头，它是解决一个人最重要的问题。假设明天我们就丧失工作能力而没有收入，就是说经济来源中断，那么，我们就会面临生活上所有开销都要继续付款而又无以为继的问题。这时又该怎么办？"

陈总却摇摇头，道："我们都还年轻，且身体健康，相信不会有太大问题的。"

"陈总，可是我们永远都不知道意外或明天哪个会先到，不是吗？"高明反问："陈总，万一意外先到了，那么，生活上所有的开销，谁能够继续帮忙支付呢？陈总，你现在已婚，若每个月家庭支出要 6 000 元，陈总，如果明天就没有收入了，这 6 000 元还要不要继续支付？"

"当然要呀！"陈总回道。

"陈总，相信现在谈保险正当其时。因为这一块可以解决身故或全残丧失收入的问题。"高明接着补述道："我们年轻人大都不可能有个一两百万的存款在银行，这一块的功能就能帮我们弥补。假设我们明天身故或全残，收入不再，只要条件确定后，便会有一笔资金进入户头，替我们继续支付所有生活开销。"

"高明，那这金额怎么估算呢？"陈总急切地问道。

"陈总，假设每个月家庭支出要 6 000 元，每一年基本支出是72 000 元。若明天没有收入进账，但一年的生活基本开销依然至少72 000 元以上。"高明回道。

陈总在心中仔细盘算着，似乎自己从来没有想过类似的问题。高明接着说："陈总，你还这么年轻，倘若有这样的风险，也不可能很快就离开。假设拖延的期间是 10 年，10 年间至少还要准备 72 万元，又因为物价上涨的关系，可能需要准备 100 万元；如果拖延的期间更久，假设是 20 年，20 年便至少需要 200 万。当然，陈总，这些金额只是预估，有可能更多。请问你现在户头里面存下了这么多钱吗？"

"没有。"陈总有点沮丧地回应。

高明指着图里的人形娃娃，说道："陈总，如果我们能够用你负担得起的费用，解决这些金钱的问题，这就是头部的功能。"

随后，高明又指着人形娃娃图的身体，说道："身体这一块，就是意外险的功能。虽然我们大部分时间都在办公室里，但偶尔也必须出外拜访客户，而且我们上下班时间也都要使用交通工具。意外险条件较苛刻，它要符合三个条件——非疾病的、非外来的、突发的，因此它的理赔范围比较狭窄，很容易引起争议。当然，这块费用也较便宜。"

"嗯，我明白了。那头部和身体的差异是……？"陈总回道。

高明解释道："陈总，你可能会觉得头部这块费用高了一些，对吧？其实道理很简单，设想自杀的情形，头部这块保险会理赔，但是身体这块是不能理赔的。一般来说，身体额度至少为 10 年，那就要有约 70 万元的生活支出，除非有贷款负债。陈总，你觉得 70 万够了吗？"

"我觉得 70 万可以了。"陈总回应。

高明指着人形娃娃的左手臂，说道："左手上半部这块，属于疾病医疗险。现在医疗质量好，可是医疗费用相对也较贵。陈总，我们必须有心理准备，养成平时就拨一点钱来弥补医疗费不足的习惯。这样，当不小心住院时，才能支付急需的医疗费用。另外，像陈总你的家住在广州，我家乡在重庆乡下，你觉得两地的住院费用会一样吗？"

"当然是不一样的。"陈总回应。

高明接着说："陈总，实支实付就是依据广州市医院的每日住院费用计算。因此，在疾病医疗险这部分，我建议陈总选择 300～500元这个等级。虽然，我们不是靠保险来赚钱，但不幸住院时，至少能够弥补我们的损失。"

随后，高明指着人形娃娃的左下臂，说道："左手下半部这块，有点像上半部这块疾病医疗，但不同的是日额给付功能。陈总，住院时已经够痛苦了，可是当你住院养病时，工资并不会照常存入你的银行户头里。当然，发生意外和因癌症住院，也都计算在内，让我们可以自己照顾自己，这个日额以陈总每日工资估价为准。"

"陈总，假设每日的工资收入为 200 元，我建议陈总采用住院时日额 200 元这个等级。在不小心住院时，工资照样存入你的户头。就是说，患疾病住院时，有人帮忙给付医疗费，工资也有人提供给我们，这两个功能都要处理好。陈总，这样你能了解吗？"

高明指着人形娃娃的右上臂，继续说："右手上半部这块属于意外医疗，这块是实支实付并以收据申请。若我们遇上不小心跌伤、撞伤等而又不到住院的情况，每一次最高有 5 000 元的补助额度，而且不限次数。陈总，这样你可以理解吗？"

高明看着陈总点头表示了解后，又指着人形娃娃的右下臂，继续说道："右手下半部这块也是意外医疗，但是属于意外住院医疗。当发生意外需要住院时，与左手下半部一起理赔，包含左手下半部日额部分给付薪水、右手下半部给付看护费在内。"

"出门在外，若不小心发生意外，右下和左下部都包含在内，感觉很周到。"陈总回道。

高明接着指着人形娃娃的左脚上半部，说道："陈总，这块统称癌症，现在得癌症的几率为 30%，特别是现在很多癌症都使用昂贵的国外药品，每一天支出就要五六百元。左手上半部这块住院费用实支实付，这块不可能每日用五六百元。因此，我建议在癌症住院这块要重视，它的保费便宜，但赔偿金额多，比较合乎经济原则。"

"现在的人其实很有思想，都知道预防胜于治疗，医疗也日益进步。因此，大部分疾病是可以早期发现的。但是，早期发现最大的问题，其实就是经济问题，有钱就医，没钱等日子。"高明解释说："所以，我建议重视这块。当我们发生癌症时，才可以安心治疗，而且理赔下来的数字，也让人感到安心。"

"嗯，我懂。"陈总答道。

高明接着指着人形娃娃的左脚下半部，说道："这块是重疾保险，它包含癌症等 38 种常见重大疾病，属于一个尊严保险。当不幸发生重大疾病时，保险公司会先给付一笔资金，让你应付高额紧急医疗费用。一般来说，重疾保险的额度大约是 10 万元。"

"嗯，我懂。"陈总点头回应。

"陈总，你参加工作多久了？"高明问道。

"8 年多了。"陈总回答。

高明指着娃娃图右脚上半部，说道："陈总，这块谈的是储蓄型保险。陈总，你参加工作 8 年多了，应该有相当的积蓄吧？推算起来也应该有 10 万元了。因为有积蓄才可以逐步实现财务目标，如置产、购车、旅游。抱歉，问陈总一个私人问题，你的银行户头里存有 10 万吗？"

"没有。"陈总尴尬说道。

"因此，这块右脚上半部谈的是储蓄型保险，就是强迫储蓄，让你最起码拥有第一桶金。一般通常是以收入的 5% ~ 10% 计算。"高明回道。

"喔，原来储蓄型保险的目的是这样。"陈总说道。

高明随后指着人形娃娃右脚下半部的区域，说道："陈总，这块代表年金，也就是退休终身计划，因应医疗科技的进步，人类的寿命不断提高，拥有一项终身险是十分重要的。"

"陈总，基本的风险应优先考虑，再谈年金这块才有意义。陈总，我们应先把风险控管都做好，有余钱再进入第二阶段的退休计划。"高明看着陈总，问道："陈总，以前有人像我这样谈为何要买保险及该如何买保险吗？"

"其实，很多人来找我谈过。但是，我发现在这些营销人员中，你最有心，也最诚恳。"陈总微笑道："以前，我有一位远房亲戚患胃炎，住院三天，出院后却没有获得一毛钱的理赔，连说买保险一点真实用途都没有，甚至说保险都是骗人的，根本没有带给他什么保障，现在我想，那是保险营销人员替他规划的保险组合不够完善的原因。"

这时，高明充满自信地说："陈总，谢谢你的鼓励。我也深信能替陈总服务是我的荣幸。回去以后，我将根据陈总的现况，以负担得起的费用再准备一份完善的计划，供陈总参考。陈总，下周三和周四的下午两点，你哪个时间比较方便？"

"那就下周三吧，到时候再跟我联系！"陈总开心说道。

第十五章　以帆船打造高额保险

　　高明在保险营销行业的表现已经渐入佳境。今天，他与国内知名的文具经销商百利公司的张总经理有约。为了给客户良好的第一印象，赢取关键 30 秒的机会，高明养成了一种习惯——在去拜访客户之前，先深呼吸放松情绪，然后带着喜悦的微笑，推开大门。

　　高明走向百利公司的服务台，向柜台小姐问道："请问张总在吗？我姓高，跟张总 10 点有约，麻烦你通报一下。"

　　柜台小姐通报后，带领高明走过长廊，来到张总办公室，说道："张总马上过来，你稍坐一下。"

　　不久，张总回到办公室，看到高明，便递出一张名片，说："高明，这是我的名片。"俩人交换了名片，高明习惯性地寒暄问候，道："张总，在文具这个行业多久了呀？"其实高专业度为导向的高明，早就已经上网搜寻了一些百利文具公司及张总的相关信息。

　　张总拿了一份公司简介，对高明说："有 5 年多了。"

　　"张总，5 年的文具经营经验，这么久啦！"高明点头，露出赞叹的表情，继续说："文具业今年景气吗？"虽然高明心里已经有谱，但仍借着提问，强化与顾客的关系。

　　"虽然去年遇到金融风暴，但从事文具业 5 年，有了一些固定客户，所以业绩还行。"张总语气平和地说。

　　为了拉进彼此的关系，高明又问张总："张总，听你的口音，应该不是广东人吧？"

　　"不是，我不是广东人，我是湖北来的。"张总回答。

　　同样也是到广州闯天下的异乡人，高明接着又问："张总，我也不是广州人，我来自重庆，我们都是外地人，共同为了家人打拼。张总，你住广州这么久了，有什么心得吗?"

"其实，广州市物价比起湖北的武汉高了很多。但是，居家生活环境却好许多，从今以后打算长期居住在广州了。"张总回应道。

高明微笑点头，双方寒暄告一段落，他的心里暗自盘算此刻该进入主题了。于是，高明接着说道："今天能够认识张总，真是我的荣幸。今天我能够回馈你的是，假如有一天你要买保险，相信你已知道怎么买对自己最有利。"

高明继续对张总说："感谢张总特别抽出你宝贵时间和我见面，给我们公司服务的机会。张总能多了解保险的价值，以后如果有需要服务的地方，我可以提供最超值的服务。当然，有机会也请推荐你的朋友了解，让他们的家庭也能获得照顾。张总，我们有一个好的交流，需要 30 分钟，这 30 分钟会对你有很大的帮助的!"

随后，高明从公文包拿出一份公司简介，双手递给张总，说道："张总，这是我们公司的简介，公司注册资本为 100 亿元，目前的客户数量约有 2 000 万人，每年总保费收入约 100 亿元。"

这时，张总直接对高明挑明说道："高先生，我目前并没有预算可以买保险，只因为你多次拨电话来，表现非常积极，态度也很诚恳，让我相当欣赏，才愿意抽空见你。不过，高先生，你也不要抱太高的期待。"

高明回道："张总，感谢你! 想请问张总结婚了吗?"

张总回应："哦，结婚了，也有了一个女儿，今年 6 岁了。"

高明接着问张总："那么，你对保险的看法如何?"

"其实，我没有什么特别的想法。但以前倒常常听到关于保险的负面消息。老实说，我对保险感觉并不好。"张总直率地回应。

高明颇为自信地对张总说："张总，相信我们今天的谈话，会使你对保险的看法有所改观!"

"高先生，我可以听一下。"张总说，"不过，若觉得没道理，我也会告诉你。"

　　高明思考了一下，拿出一张白纸，然后说道："张总，在与你分享保险前，我想先和你谈一个'移动风帆'的概念。"

　　张总道："好的，你说。"

　　高明说："大海中航行的移动风帆，就像你每天出外打拼，从离开家的那一刻起，亲人就倚门盼望你平安归来。但是，这艘帆船航行在大海中，谁能保证一帆风顺呢？"

　　这时，高明拿出一支笔，开始在纸上画一艘正在移动的帆船，接着说："张总，你就是这艘风帆的船长，你的旁边是你妻子，另一位是你的女儿。"画完后，高明抬头看着张总，观察他的反应，然后道："张总，接下来，你每天上班驾着这艘帆船，载着爱人与女儿在大海中航行。在帆船前进的途中，可能遇到大风大浪，也可能碰到礁石，你同意吗？"

　　张总回道："我同意。"

　　这是一个极简单的比喻，却透露出意外无所不在的信息。高明继续说："张总，假设你这艘帆船遇到大浪，船翻了，你的妻子与女儿失去了未来的生活支柱，那么，谁将是她们的依靠？"

　　张总回答："我不知道，以前从来没有想过这个问题。"

　　"在航行前，先在帆船上放置合适的救生圈，假使遇到了大风大浪这样的危险，就能保住生命，也就是稳固生活支柱。"然后，高明又接着说："张总，你能理解在帆船上放置救生圈的目的是什么吗？"

　　"是保障。"张总露出严肃的表情，说道。

　　"没错，我们最理想的帆船，要有一个坚固的船身以及深度适中的船舱；当然，也要有合适的救生圈，依靠一位重要掌舵者，握着方向舵往前行。而这艘帆船的船舱深度，正代表着应该准备多少应急的现金。张总，假如失能导致收入中断，你账户的积蓄想要维持现在的生活质量，全家可以使用多久的时间？"高明问道。

　　张总无言以对，脸上像挨了一巴掌似的滚烫刺痛。停了一会儿，张总才缓缓地说："应该只有3个月吧！"

　　高明有些惊讶，说："张总，这样是不行的，一般来说，应该准备6个月到1年的家庭总开销，以及一般应急需要的资金，如此才是确保安全的做法呀！张总，你的这艘风帆，这样是不可以出海的，能理解为什么吗？"

张总好奇地回道："为什么不可以呢？"

"这艘帆船载着 3 个人，那最少要有 3 个救生圈，才是安全的吧？如果哪天不幸遭遇大风大浪，救生圈只有 1 个，那该怎么办？这样怎么出海远行啊？"高明分析说。

张总表现出不知如何是好的样子，表情错愕地说："对，没错……"

高明再次强调，说："那救生圈就是保障，预防丧失赚钱能力，最少可以维持必要的生活支出 10 年，清偿贷款金额及支付未来需要的教育支出等费用。张总，你现在了解了保险需求以及保险到底可以帮你解决哪些问题吗？"

"了解。"张总仍略带疑惑地回应。高明接着解释："张总，人吃五谷杂粮，事情难免有不顺的时候。假如失能，收入中断，全家维持 10 年必要的生活支出，总共需要多少钱，才足够应付？"

高明的一席话，让张总陷入沉思。过了一会儿，张总回答："至少要 20 万吧！"

"张总，这就是你需要的保险金额——20 万元。"高明立即回道："这艘移动的帆船船身其实就代表积蓄，就算我们有风帆、坚固的船身及代表保障的救生圈，也无法保证一路顺风。我们都知道，海浪愈大，阻碍就愈大，阻碍积蓄减少的因素就是物价上涨。"

张总不断点头，相当认同高明的话。接着，高明说："张总，因此你要懂得拨一部分积蓄来做投资，不要只将钱放进银行，而要让懂的人替你去投资，以增强对物价上涨的抵抗力，让积蓄累积的速度大于物价上涨速度，这样你才可以提早实现买房、买车或退休的梦想。张总，你同意吗？"

"同意。"张总回答。

于是，高明建议张总划出部分积蓄来做投资。紧接着他又问："张总，假如有一天要建造一艘帆船，你的帆船会做得船身小一点、风帆大一点，还是船身大一点、风帆小一点？"

"船身小一点、风帆大一点。"张总想了几秒后回答。

"但是，船身小一点、风帆大一点，这样遇到大风、大雨，会很容易翻船的。"高明说道。

"对呀，那该如何是好？"张总问道。

于是，高明补述说："船身代表储蓄的金额，风帆代表投资的金额。船身小、风帆大相当于储蓄太少，投资太多，容易翻船；船身大、风帆小代表积蓄太多，投资太少，风帆跑不动，会延后到达目的地的时间。所以，张总，我们要懂得资产配置。"

随后，高明继续说道："有些人认为投资可以赚很多钱，因此过度做投资，但不幸遇到金融海啸，不久之后，就连本钱都失去了。张总，你遇到过这样的人吗？"高明问道。

"遇到过。其实，在我周围有很多这样的朋友。"张总点头回应。

"张总，包括你在内吗？"高明静静地看着张总，半开玩笑地问道。

张总打断了高明的话，用听似激动的声音，回道："我不是！"

"张总，如果不是的话，很好。是的话，请立即更换另一艘船，一艘能应付暴风雨的船吧！"高明不受干扰，以轻快、愉悦的声音说："张总，你应该做好资产配置。但是，不能全部做投资，也要储备部分救命钱，以作为抵抗暴风雨来临的保命钱，这就是储蓄保险。"

接着，高明又说："有人只相信储蓄，害怕投资。但如果有钱不投资，又会被物价上涨吃掉，这样是错误的！就算有金融海啸，有钱也不能因害怕而逃避投资，否则，他的帆船永远也到达不了目的地，张总，这点你认同吗？"

张总露齿微笑，说："没错，应该做到二者兼顾。"

高明停顿了一下，笑着回应："张总，我们公司就是专门提供投资兼顾储蓄计划，可以协助你顺利实现梦想。其实，你知道吗？这艘船还缺少一样东西，缺少这样东西，也到不了你的目的地。"

张总静静地听着，高明说道："那东西就是——舵，这正是这艘船缺少的呀！而张总你就是掌舵者，掌舵者决定方向，亦即影响家里全体成员的幸福！掌舵者一定要做好家庭的财务规划，这样就算意外、疾病等风险发生，也不会影响到家庭收入。张总，你明白了自己的责任有多么重大了吗？"

"高明，我明白你的意思了！"张总开心地回道。

"张总，我能够免费替你评估，倘若评估分析后，你认为有需求的话，我再为你设计一套完善的财务规划，这样好吗？"高明问道。

张总终于敞开心扉，说道："其实，高先生，我……我已经买了保险了。"

"张总，我的工作就是为客户分析财务需求，也提供客户实现财务目标的计划。"高明听到张总这样的回答，仍不失原有的热情，自信地说道："张总，我是否有这个荣幸能够免费替你做个评估，如果张总满意我的评估，再给我一个机会，好吗？"

张总微笑地看着高明，说道："好的！就麻烦你，评估好了之后，先拨个电话过来，我会立刻让秘书安排见面时间。"这时，高明从张总的眼中看见了满足与希望，他高兴地起身离开了张总的办公室。

第十六章　让客户看见既得利益

　　转眼间，高明进入三丰保险公司就三个月了，他逐渐在保险业中站稳脚跟，也更加坚定了自己的选择，特别是昨天签下了一纸高额保单，更让他享受到来自众人的道贺与赞美，感觉世界真是美好！

　　高明今早与汪总有约，准备聆听汪总如何以"利益说服法"（FABE）为客户解说提案建议，据说此手法最有说服力，能直接深入客户心坎，接受营销人员的产品与服务。高明满心期待着，希望能借此再让自己的业绩更上一层楼。

　　一进办公室，汪总就开门见山地对高明说："高明，营销人员以'利益说服法'，也就是'FABE'来解释提案建议案，首先要理解'F'指什么。'F'就是'Feature'，也就是'特点'，表示按照特性、特色和价格等事项，来显示该商品的特点和优势。"

　　"我举个现实的例子给你听吧！"汪总站了起来，找出客户吴丽雪的数据后，对高明说："那时吴丽雪33岁，已婚，尚未生小孩，任职于科学园区的一家外商药品公司，负责销售业务，在该公司表现佳，业绩很好，颇受上司好评，年均收入约15万元，对于目前的收入尚满意。吴丽雪每个月汽油支出津贴500元，晚上有时要应酬。而她的丈夫赵安，那年30岁，任职于科技园区一家私企计算机公司，担任生产管理部主任，年均收入约10万元。夫妻俩在中山大道西小区买了一套市价约60万元的房子，房屋分期贷款30万，年利率5.6%，拥有一辆轿车，现值约15万。"

　　"当时，我推荐给吴丽雪的商品为20年期缴30年期的'三丰人生'，保额50万，每年缴1万元，被保人为赵安。此商品有两个特点可满足赵安夫妇的需求：其一，投保后第二年，每年给付生存保险金 3 000 元，保险期间给付 28 次后，共 84 000 元；其二，可以将生存保险金累积生息，待保险期满，总共可以给付 126 000 元。这就是简介商品的特点（F）。"汪总直接道。

"'A'指的是 Advantage，就是'商品好处'，指营销人员除了简介商品的特点之外，还应该针对特点告诉客户能够提供什么好处，那才是商品真正的卖点。"接着，汪总继续说道："吴丽雪如果等到 30 年期满再领回生存保险金，总共一次可领回 126 000 元，也就是多出了 42 000 元，相当于三丰保险多给了吴丽雪 14 年的生存保险金，或者等于少交了 4 年多的保险费，这就是商品的好处（A）。"

"而'B'又是指什么呢？就是 Benefits，亦即'购买利益'，指营销人员推荐的商品好处（A）能够符合客户'明确的需求'，若能再发掘出'潜在的需求'，则客户的购买利益将立即显现。"汪总接着道："当初，吴丽雪在科学园区工作，压力很大，为了放松心情，她渴望旅游，这就是潜在的客户需求，因此，'三丰人生'每年可领取生存保险金 3 000 元，让她可以计划性地旅游，满足真正的需求，或者也可以选择储蓄生息，逐渐增加本息。商品的选择很有弹性，这就是卖出客户购买利益（B）。"

紧接着，汪总又说："最后是'E'，Evidence，指的是'证据'，其实就是指保险营销人员所提供的资料证明，可以增加客户信赖感，这包括'统计数据及比较数据'、'客户的推荐信函'、'名人佳句'等，尽可能提出明确的信息，有效证明你的公司及产品优势。"

"保险营销人员在确认了客户的潜在需求后，才能提出解决问题的提案建议，并且最好从'利益说服法'来说明，将商品的特点、优点与利益、证据，清楚地描述一下，如此方能展示商品的价值。"汪总总结道。

汪总拿起水杯，喝了一口，又说："我再举个客户的例子给你参考吧！去年 6 月，客户给我推荐了上班族陆文韬，初见面时，陆文韬脸上看不到丝毫笑容，和一般客户见到我们时的想法一样，他害怕被推销保险商品。我试着寒暄及简单交谈，但陆文韬直接对我说：'汪先生，其实我是不相信保险的，你是第一位和我约访见面的保险营销人员，那是给朋友面子。'"

"陆先生，谢谢你给汪平机会，那真是我的荣幸。"汪总善于通过提问掌握话题，于是说道："陆先生，你一个人到广州打拼，每天忙进忙出，能够避免发生意外事故吗？"

陆文韬直接回答道："说真的，我没想过这个问题。"

"陆先生，相信我们出入都一定很小心的。但是，他人的疏忽谁能掌控得住？每个人都认同平安回家对家人的重要性。"汪总道："可是，陆文韬，天有不测风云，假如有一天意外受伤或发生重疾住院了，照顾上会有问题吗？你家乡的妻子或小孩可以前来照顾吗？"

陆文韬摸摸头，想了想，回道："我妻子和小孩离这里太远了，叫他们来会很麻烦。"

汪总又问道："陆先生，那么，目前周围有哪个好朋友可以安排时间来照顾你？"

陆文韬说："这我倒没想过。"

"陆先生，像我们这种人，单独从外地来打拼的，现在可有福了。"汪总微笑道："这就是我今天来的目的。陆先生，如果你每年支付一笔钱，无论发生意外或生病住院，我每天支付你 200 元的薪资，那就可以使用这笔钱请个人专责来照顾。这样对你有帮助吗？"

陆文韬一开始的冷漠消失了，点头微笑，回道："当然啦，这样会有帮助的。"

汪总道："这就是保险。陆先生，平时少吃一口饭，一辈子有饭吃。"最后，陆文韬在经过四次的访谈后，也签了一份年期缴保费5 100 元的保单。

汪总为高明分析道："当时陆文韬的潜在需求，是需要解决住院照顾问题；而我建议住院日额支付 200 元，请一位专责的人来看护，这个就是客户的购买利益（B）。"

高明问道："汪总，能否再从陆文韬案例解析一下营销人员如何以'利益说服法'——特点、好处、利益与证据，突显商品价值？"

汪总脸上露出满意的笑容,说道:"当时,陆文韬为了购买日额200元的保险,每年需要支出20元保险费,那是保险商品特点(F);当陆文韬住院时,三丰保险公司每天给付200元保险金,让他可以请专人来照顾,那就是商品的好处(A);如此,哪天陆文韬意外住院,就可以心安了,那也就满足了客户的购买利益(B);此外,我还准备了一份理赔数据,证明提案建议是真的可以实践的(E)。"

"汪总,以陆文韬的潜在需求为导向,使用'利益说服法'解说建议书,这一招听起来挺厉害的嘛!"高明点了点头,又问道:"汪总,营销人员都应该这样解说建议书吗?"

"只有精英营销人员才懂得运用'利益说服法'来激起客户潜在的购买欲望;一般的营销人员都只随身携带公司和产品简介,在销售时用以解说产品而已。"汪总回应道。

"汪总,我理解了。保险营销人员在解说建议书时,不应该只是照本宣科地背诵,最好能呈现出产品与服务特色,还要顾及客户潜在的需求,最后的商品利益则是要满足客户的真正需求,这样给客户的感受一定大大不同。"高明说道。

"对,营销人员先以探索提问法找出客户的潜在需求问题,再提出解决需求的建议案,以及必须付出多少保费代价,最后满足客户的需求利益,就会产生更大的吸引力。"汪总回道。

"汪总,那什么是商品价值呢?"高明接着问道。

"其实,商品价值的内涵非常宽泛,例如保险商品的特性、险种的功能和意义、对客户的利益与竞争商品的优势比较等。"汪总一副严肃的表情,回道:"至于商品哪方面最有价值,就必须从是否满足客户需求来看。否则,也许你认为很有意义的保险计划客户却觉得对他没有好处,一点也不感兴趣。"

"像我在与陆文韬交谈时,曾告诉他独自在外打拼,应该买一份养老险。那时,陆文韬回应:'我都把钱寄回老家了。'这时我应该继续探究,了解在进行保险营销时客户有什么保险需求,如为了保障？储备养老金？预防重大疾病？保险营销人员都须完整列出来，才能充分掌握客户的潜在需求，因为客户都是有目的才买保险的。'"

汪总自信地说道："保险营销人员在掌握了完整的潜在需求情报后，再把这方面需求的专业建议传达给客户，才能够满足客户，将保险商品价值顺利卖出去。"

高明又问："汪总，那营销人员对所销售的商品应该抱什么样的态度才好？"

汪总笑着看看高明，反问："高明，你是恋爱结婚的吗？"

高明睁大眼睛，回道："汪总，是。但这跟我的问题有什么关系呢？"

"高明，谈恋爱有句经典名言'爱到深处无怨尤'，假如一位保险营销人员不喜爱自己的保险商品，营销时势必缺乏应有的魅力，将难以触发客户的共鸣。所以，每位营销人员都必须对自己的商品有信心。"汪总笑道："高明，你扪心自问，你对保险商品热爱并有执著的信任吗？"

高明回应："当然。"

"高明，假如保险营销人员都能用心体验商品的好处，推销的方式方法必然不同凡响，客户将会因你的热情而感动。当然，业绩也会因你的执著而变得更好。"汪总点点头，接着说道："保险营销精英应在营销实践中列出主力商品所有特点，然后设定销售诉求卖点，再把这些商品特点转换为对客户的好处；假如这些商品特点与客户的好处符合，可以和客户购买需求相结合，而且立刻拿出证据来证明所言不假，如此，'利益说服法'绝对是能够说服客户的最佳方法。"

第十七章　成功签约的好方法

对于高明这些日子以来的优异表现，汪总看在眼里、喜在心上，更不时给予指导，期望高明能够再上一层楼，今天汪总将传授高明成功签约成交的好方法。

汪总开口道："在保险营销人员心中，除了成功签约，别无选择。因此，销售工作只有一百分成功，或者零分失败，绝对没有中间值。"高明理解，营销工作是以结果论英雄，最后客户没有签约，也只能算是失败。

"汪总，那真的很残酷！"高明沉默了一会儿，问道："最近我常在想，在保险营销的过程中，有时好不容易和客户洽谈好了，甚至也签了要保申请书，但在这节骨眼上，还是可能出现放弃签单或是收款不顺利的客户，难道保单签约的过程中有什么特殊技巧吗？"

"高明，客户都是有目的才会买保单的，保险营销人员能够找出客户真正的潜在需求，才会让客户心甘情愿地签下保单，而这也是销售工作的最高指导原则。"汪总说："在'销售回圈'的过程中，保险营销人员要善于掌握促成时机，让客户在关键时间点愿意签下保单。如果时间点太早，会让对方产生抗拒心理，进而产生戒心；假设时间点太晚，则会失掉销售时机。"

高明问道："那么，汪总，让客户签约最好的时机是在什么样的情况下？"

汪总回答道："当客户发出签约的信号时，就是最好的签约促成时机。若是营销人员漏掉签约的信号，这就等于失掉签约的时机。那么，即使营销人员的接触约访话术、约访说明或提案建议解说做得再好，也是白费力气，所有的营销努力将会在瞬间化为乌有。"

高明着急地问道："汪总，那什么是客户发出签约的信号？保险营销人员又该如何判别呢？"

汪总回应道："高明，当'销售回圈'到了保单签约的阶段，客户的签约信号的来源通常可分为三类：①客户的动作变化；②客户的语言信号变化；③客户的肢体信号变化。因此，保险营销人员应仔细倾听客户的说话内容，例如客户提问如何支付保费，或是问要不要体检。"

汪总又继续说："保险营销人员要懂得观察客户的肢体动作，借以判别其所传递出来的信息是正面的还是负面的，接受或不接受你提出的建议。譬如正面的信息就代表接受：头部——微笑、点头及善意的目光接触；双臂——远离身体、放松及平顺移动；手——张开、伸出，碰触资料；身体——角度放松，向前伸。负面的信息则是不接受，譬如：头部——皱眉头、恶意目光接触、逃避、很少说话或不说话、打呵欠、目无表情；双臂——交叉、僵直、紧靠着身体、紧张地移动；手——紧握呈拳状、塞在手臂下或紧握在膝上，不断地移动身体角度，肩膀向一边斜。从这些肢体动作去判断，你就可以更深入了解客户确定签约的关键时间点了。"

高明继续追问："汪总，人的内在表现信息分为肢体和语言两种，保险营销人员对客户肢体或语言'变化'都要去理解，还有哪些肢体动作是属于反对信号的？"

汪总回道："客户发出的肢体反对信号一般表现为：眯起眼睛或眨眼次数增多，下意识地紧张起来。所以，若发现客户的身体连同座椅一直往前移，表示客户专心聆听，有购买的欲望；当客户的眼神凝视某处，整个人陷入沉思，表示客户可能盘算着费用价值，这是最容易签约促成的时机。"

高明感慨道："汪总，细心观察客户举止，注意客户的言语信号，对保险营销人员来说，真的好重要喔！"

汪总回答："那当然。肢体语言之后，接着就是语言信号，如果客户强调'我想再听你说明一次'，就表示客户想要做进一步的了解，这时千万不要犹豫，应该立刻采取签约行动；或者，当客户原本拒绝保单建议，到后来却有议价的行为时，表示他的购买念头已经兴起，只是碍于价钱上的问题。所以，当客户语言或肢体信息发生变化，代表客户有了购买欲望或内心持反对意见，意味着该进入销售回圈的签约促成阶段了。"

高明问："汪总，营销人员要采取的签约促成行动是什么？"

"营销人员进入销售循环的促成阶段，首先应消除客户怕下错决定的疑惑及恐惧。因此，保险营销人员唯有解开客户'心中结'，才能成功让客户签下保单。"汪总道："而在销售回圈的签约促成中，也有几种重要的成交方法。每位营销人员都必须像炒菜一样，选择自己认为最拿手和证实有效的促成技巧。"

高明直接询问汪总："汪总，能请你再细说一下并且推荐几种常用的签约促成法吗？"

汪总从抽屉拿出一份资料递给高明，继续说："一般常用的签约促成法有总结成交法、二择一法、健康告知法、推定承诺法、富兰克林法及绝处逢生法。"

高明一边看着资料，一边仔细听汪总说道："首先是总结促成法，这是指从准客户的需求利益出发，以一种特别坦诚的态度，选择合宜的产品，若适合客户真正的需求，就推荐给他，反之，推荐的产品若不能满足客户需求，就必须暂停促成动作。"

汪总接着说道："若在交谈中你已经解说商品对客户的好处，以及如何满足客户需求利益，就已激起客户的兴趣，这时候多谈只会失去机会，建议你使用总结成交法。"

高明不断点头，说道："汪总的意思是总结成交法就是在销售的过程中，当客户对保险的兴趣处于高峰时，务必立即扼要告知所提供的商品利益将如何满足其需求，最后顺水推舟提出签约并促成，是吗？"

汪总说："没错，我举一个保险案例来说明。我有个客户名叫王广福，在天河区一家私人企业任职，签下保单那年31岁，是位软件项目经理，持有公司股份，没有保险，每个月平均收入为7 000元，他的妻子谢睿茹，29岁，是一位广告设计主管，有基本的社保和职工保险，月薪6 000元。王广福夫妻结婚，育有一个女儿王晶晶，才刚满1岁。夫妻住在广州市天河区棠德南路一套120平方米的房子，房屋分期贷款为50万元，年利率5%，每月期缴3 299元。另外，王广福买了6万元的股票，目前账面价值约8万元，银行账户也有2万元现金。"

"我与王广福已经沟通过好几次了，有一天，我忍不住对他说：'从这几次同你沟通以来，咱们之间也算有了初步共识。我个人觉得你暂时没购买意外险的需求，建议你不妨先以退休规划为主，你看如何呢？关于费用方面，退休保险属于今天存以后要用的钱，只是存起来罢了，并且还会附加一些急用的医疗保险，我之所以这样帮你规划是因为这保单非常适合你，并且希望大家能够维持长期且稳定的合作关系。'"汪总说："最后，我对王广福说：'如果这次的合作你不满意，就不可能再照顾我的生意，也不会推荐新的客户给我，对吗？所以，我提供给你的计划一定最实际，你就别再犹豫啦！'这就是总结成交法。"

高明听了之后，点点头表示了解，汪总立即又以王广福的案例来解说二选一法。汪总说："我当时问王广福：'家人的生活保障是我们首要的考虑，你同意吗？'王广福点头赞同。我说：'那你也理解这份建议书，是为了带给你和家人完整的保障吧？'王广福回答：'是的，我知道。'我又看着他说：'你也说过每个月节省500元，不是一件难事，对吗？'王广福回答：'对。'最后，我以二选一法说道：'王先生，为了保障家人的计划，你是采用每年期缴还是预付半年呢？哪个办法对你较适合？'客户迟疑不决是一种天性，当你确定客户在犹豫，以二选一法引导客户做决定是很有效的。"

高明露出满意的微笑，汪总继续说："我接着解释健康告知法，这是一种推测后承诺的方法。当你确定客户在犹豫而不能做决定时，立即果断告诉客户，公司也要评估身体现况，才能决定是否可以卖给他保险。于是，我问王广福：'王先生，请问你有高血压吗？请问最近两年住院过吗？'详细问他投保书上的各项健康问题。当客户回答完后，你就请客户在投保书上签名了。"

随后，汪总又接着说明推定承诺法："当你跟客户沟通，客户有意愿时，不一定会告诉你：'保险我应该怎么买？'在客户不拒绝时，最适宜推定承诺法。一般来说，客户的沉默愈多，运用推定承诺法成交率就会愈高。准客户询问购买后，再询问相关理赔、付款等细节问题，此时这项签约促成技巧用得比较多。"

接着，汪总又以王广福举例说："王先生，以目前的预算状况来说，这份保额 50 万元的计划每月平均 500 元的付款金额，不会太少吧？那我们就定个时间一起到工商银行去开个账户。明天下午一点半，我来接你过去如何？"

"最后一招，就是富兰克林法。这是为了在签约促成阶段让客户产生危机感，以'T 型表'分析买或不买保险的优缺点。使用此促成技巧必须预先做准备，才能有效激励客户下决心。例如我对王广福说：'王先生，我以两个状况来分析，万一发生保险事故，有保险与没有保险的优、缺点各是什么。'最后我再对王广福说：'王先生，买保险的优点有这么多项，今天就让保障计划生效吧！'"汪总道。

外面不知什么时候下起了雨，望着窗外飘着蒙蒙细雨的天空，高明心中感到格外轻松，总算放下心中的一块石头，他仿佛看到保险营销业从云遮雾罩中露出一缕阳光。他相信，唯有优秀的执行力，才能展现成功签约的魅力，他一定要好好学习，创造出更好的成绩。

第十八章　临门一脚的激励话术

　　今晚适逢夜例会的举办，崇德团队特别请到了讲师何标主任来谈"临门一脚的激励话术"。这是一个很吸引人的标题，高明自是满心期待。

　　何主任一开口就说道："低头要有勇气，抬头要有底气，今天谈谈营销的两个重要观念，大家要牢牢记住。第一个观念是：销售是一个持续不断的活动，不能孤立地去思考，应该是一个回圈，也就是所谓的'销售回圈'。第二个观念就是：业务的营销工作不是等待机会，而是创造机会，每一环节的销售回圈，都是在创造下一个机会……"

　　到了课程尾声的提问时间，高明举手问道："何标主任，请问在'销售回圈'里哪一个步骤最重要？"

　　何主任回答："'销售回圈'中的每一步骤都很重要，但是，所有的努力都为了保单签约这个步骤，这也是保险营销人员时时刻刻都应该关注的。"

　　最后，何主任更是提醒大家，在"销售回圈"中提出保单签约时，必须适度运用激励话语，提升顾客做决定的速度。

　　课后，高明心中仍然充满疑问，于是前去向汪总请教："汪总，今天例会后，我对何主任所提到的在'销售回圈'过程中必须适度使用激励话语，还是有些不解，可不可以再请你解释一下？"

　　汪总道："高明，假设你从事销售，想必渴望有高成功率，或许商品说明已经非常清楚，而且客户的反对意见也处理了，但你还是必须准备强有力的激励话术，以消除客户的优柔寡断。"

高明感到纳闷，说道："汪总，能否举个例子，让我更加明白何时该使用激励话术？"

"高明，若客户使用像'我考虑一下'、'再说吧'这种犹豫不决的口气，也在情理之中。因此，保险营销人员必须以感性诉求来做激励，同时与签约成交的技巧交替运用，以克服这类人性弱点。"汪总深入说明，道："营销人员要有'八分感动、两分理性'，激励客户做决定可以采用下面三种方法：第一种，故事剧场法——打动客户的简单公式，若用心准备比较能感动客户；第二种，报纸杂志法——视觉销售的感动法则，有影响力但比较理性；第三种，感同身受法——亲身体验的感动法则，比较有说服力，但时间长了些，倘若配合签约成交的技巧要领，效果最佳。"

汪总继续解释道："第一，故事剧场法——打动客户的简单公式，指的是讲述令人感动的故事，以达到激励签约的目的。精彩地陈述令人难忘的故事，使自己的销售不再枯燥乏味，亦吸引客户把故事与自己的经验联系在一起，也把注意力放在保险营销人员的身上。而故事要说得精彩绝伦，不光是把故事说出来，还要设法把故事演出来，适时加进肢体语言和情绪的表现，让故事鲜活呈现，才能存入客户脑海中，让客户通过故事感受保险营销人员提出的商品的好处。"

随后，汪总对高明说了个以前亲身经历的故事："有一天晚上，我接到一个电话，是一位准客户江成威的妻子打来的，那天已经晚上 11 点多了，我听到她在电话那端传来微弱的声音。"

"汪先生吗？我是江成威的妻子，你还记得江成威吗？"江夫人问。

"当然，怎么了？"汪总回。

"是这样的，江成威在几小时前去世了，我在保险箱里找到一张 200 万元保额的建议书，请问我该如何申请那一笔钱呢？"江夫人问。

"我先查询一下，请问你现在人在哪里？"汪总问。

"我在XX医院，你要过来还是回电？"江太太问。

"我现在马上过去一趟！"汪总回道。

"放下话筒后，我想了许久，终于想起，江夫人手上拿的并不是正式签约生效的保单，那只是一份我提供给江成威的建议书。那天，我和江成威谈完后，亲眼看见他将那份建议书一边放进保险箱里，一边对我说：'这似乎是一份很好的保险计划，不过，我实在很忙，而且还要征求我妻子的同意。有时间我会慎重考虑它，你看我多么重视它，还把它锁在保险箱里……'"汪总回忆道，"于是，我匆匆披上一件外衣就跳上车，向中山第一医院的方向急驶而去。开了一段路后，突然，我紧急煞车，将车子停在路边。我反问自己一个问题：'我去医院做什么？难道只是要告诉她，那是一份尚未生效的保险计划？'那时江成威告诉我，要回去和妻子商量一下再说，结果就没下文了，到了今日却成为一份永远不可能兑现的保险承诺。甚至，我去到医院大可毫不留情指责江夫人说：'那是你咎由自取，当初是你不同意，保单才未生效……'"

"现在想起江成威说出那句'有时间我会慎重考虑它'的神情，还是令我相当难过。可惜呀！当时他没料到自己已经没有了时间，即将失去一切了。往后，我偶尔会将这个案例适时拿出来与准客户分享，并且对他们说道：'这份保险计划，保证是你身边最珍贵的资产。'"汪总对高明说道："你曾否想过，身故后你的身体和脑袋已不值分文了？可是，当你最不值钱的时候，一份保险计划反而可以让你得到最大的收获。"

一阵凄楚的感觉蓦然从心底蹿起，汪总感慨道："人总有一天会离开这个世界，却很少人可以死得其所，往往留下未完成的责任，留给亲人更大的难题。但保险计划在人最不值钱的时候，反而可以让人得到最大的价值。你愿意留下美好的怀念还是留下未完成的责任给家人？"

随后，汪总拿出一份剪报，上面载有一则标题为《父母先后车祸亡 四孤儿待援》的新闻，准备用它来解释"报章杂志法则"。

新闻内容是这样的："在工业园区担任作业员的李杰，从小被领养，后与一34岁的王姓妇人同居，9年前同居人外出工作时，被拖板车撞死。从那一天起，除要照顾老母外，还得抚养4名幼子，相当辛苦。李杰27日下午出外帮小区购买灯管，不料被一女子无照驾车撞死，留下行动不便的老母及4个分别就读初中和小学的孩子。由于平时仅靠李杰赚钱养活一家人，李杰突然走了，全家陷入愁云惨雾中……"汪总摇头叹息："唉，一场意外，破坏了一个好端端的家庭，小孩是多么的无辜啊！"

高明感到有点鼻酸，汪总说："高明，这虽然只是一篇报道，但能预料这样的事接下来又发生在谁的身上吗？"高明摇摇头，汪总继续说："高明，通常我会告诉客户，购买人寿保险就是买时间。一个人失掉了赚钱的时间与能力，那时最需要时间赚钱。除非你能保证自己可以活得很久、很久，否则，就需要人寿保险，这份保单将是你一生之中最好的投资。许多家庭的父母都赌他们可以活得很久，而且有足够的钱让他们的家庭幸福快乐，但如果事故不幸发生在你身上，家人日后的生活靠谁呢？"

高明问道："汪总，这就是第二个'报纸杂志法——视觉销售的感动法则'啰！那第三个'感同身受法——亲身体验的感动法则'呢？"

汪总又举了一个客户的真实案例，说道："我的客户邱文雄介绍了员工郑敏慧。郑敏慧属于家庭代工，那时她38岁，每月收入约3 200元，丈夫林炳煌42岁，在联博仓储工作，患有尿毒症，需要长年洗肾，每个月收入约5 000元，他们已经结婚15年了，婆婆也已经75岁了，夫妻俩育有一个12岁的儿子，念小学六年级，虽然属于双薪家庭，但经济能力有限。"

汪总记得那个下雨天的夜里他前去拜访郑敏慧的情况。一阵寒暄后，他问郑敏慧："你对保险有什么看法？"当时，郑敏慧回答他："我完全不懂。"于是，汪总告诉郑敏慧："我们无法预知未来，也不知道哪一天会离开这个世界。假设明天发生不幸事件，你儿子的教育与生活费及未完成的责任，谁能够代替你承担呢？"

汪总看着郑敏慧陷入深思，继续说道："郑小姐，这就是我来找你的目的，我能为你提供一份保险计划。平时只要少吃一口饭，往后发生不幸，一辈子有饭吃。你觉得多少预算合理呢？每年预算3 000 元或 5 000 元，那一个比较合适？"

郑敏慧回道："3 000 元吧！"

于是，汪总为郑敏慧设计了一份全险计划书，寿险保障 35 万，重大疾病 15 万，以及医疗住院日额 200 元附约，每年总计缴保费3 300 元。

两年后，郑敏慧突然被诊断出患了食道平滑肌恶性肉瘤。后来，郑敏慧出院回家疗养，体重掉了 20 公斤，又转院，经过一连串检查后，被确诊患了食道癌。家人与她都抱着一线希望，又转了一家医院，继续治疗。

郑敏慧患有尿毒症的丈夫需要每周到医院洗肾两次，她住院后生活起居就只能依靠年迈的婆婆负责照顾。当时，汪总到医院探视郑敏慧，说："郑小姐，你让你婆婆回家休息，这太辛苦了！你的保险会每天支付 2 000 元的看护费。"

郑敏慧回道："那是我能留给小孩最后的一笔钱，所以不能用呀！"最后，郑敏慧敌不过病魔的摧残，带着遗憾身亡，年仅 41 岁……不过，郑敏慧虽然最后撒手人寰，但完善的死亡保险金成为保障家人以后生活的最佳依靠。如果当初没有这份保险，那么，这一笔庞大的医疗支出，还有年仅 12 岁的儿子往后的教育费用，该依靠谁来支付呢？

第五篇　话好赢得好未来

第十九章　解决客户的反对意见

今天下午，高明刚好有空到书店逛逛，他瞧见架上有一本《销售必胜成功法则》，拿起书来翻了翻，内容的第一章标题为《真是不可能完成的任务——卖梳子给和尚?》，引起高明的好奇与不解，"出家人买梳子，有何用途?"他不由自主地翻阅下去。

这是描述一个基金会举办的"销售高手竞赛"，进入决赛者，以为期3天的卖木梳比赛来决定输赢及名次，木梳的销售对象是寺庙的和尚。许多参赛者一看到这个考题就直摇头，甚至比赛尚未开始，就有许多人宣布弃权了，最后，竟然只剩下章凡、李亦和文章3位参赛者。

3天后，3人分别报告销售业绩，章凡最先举手，对着评委说："我仅卖出一把梳子给和尚。自己去尝试后才知道很辛苦，而且许多朋友都嘲笑我，和尚哪需要买梳子啊? 我刚开始遇到一个大和尚，问他：'阿弥陀佛，师父要买把梳子吗? 可以用来抓痒。'大和尚回了我：'施主，这样不尊重出家人，不好呀!'之后更是连连碰壁。后来，刚好在下山途中遇到一位小和尚，我取出梳子在小和尚前面晃了几下，开开合合的，让小和尚很欢喜，于是就买下了一把梳子。"

接下来是李亦，他说："我卖出了10把梳子。当时我到了一座高山上的古寺。由于山高风也大，香客来到古寺参拜时，头发都被吹乱了;我发现此情况，就找到寺院住持说：'师父，蓬头垢面是对佛的不敬。假设能在每座香案桌前放一把梳子，供善男信女梳理被山风吹散的头发，将是一件圆满功德。'住持听完，就说：'施主，你的建议很好。寺院有 10 座香案桌，我就买下 10 把梳子吧！'"

最后，轮到了文章，他说："我一共卖出了 600 把梳子。"现场立即响起一片不可思议的赞叹声。文章接着说道："我到了一座香火鼎盛的寺庙，一路上香客络绎不绝。我看到寺庙的住持书法很好，于是就对住持说：'师父，每个到宝刹的施主，都有一颗虔诚之心，许多施主更是主动捐款，建议寺庙回赠纪念品，以保佑施主平安幸福，而信众也乐于多做善事。师父，你的书法这么好，如果能在木梳上签上祝福的话语，就可成为'幸运梳'，这是回馈施主多么完美的纪念品啊！'住持听了十分高兴，回道：'施主，今天先买 600 把木梳，用完以后再买。'"说完，评委们全都给予热烈的掌声，不用说，这次比赛的冠军自然是文章了。

同样身为营销人员，高明看了心有所思。有道是"没有卖不出去的东西，只有不会卖的人"，同样的东西用不一样的营销手法，就能达到不一样的营销效果。

回到办公室，高明浏览了公司的课程网站，有门培训课程为"这样解决客户的反对问题就对了"，讲师是专业的培训师，也是名气响丁当的销售高手——王德昌老师，高明立刻报名参加。

上课时，王德昌老师开场便问："各位，什么商品不需要推销？"下面的学员纷纷回应："不用钱的东西、生活必需品……"王德昌拿起讲桌上的水杯，说："其实任何产品都必须有营销的手段，有的采用电视广告方式，有的刊登报章杂志……等到品牌创立了，便不必再使用强而有力的手段了，但还是需要广告效用。保险事业就不能这样，既不能试用，也不能马上用，但却以爱和责任为出发点，而且一直都需要专业人员推荐。"

"其实，每位准客户购买商品之前，都一定会心存疑问而难以做决定，那是人不愿被说服的本性。"王老师接着说道："保险商品是无形的，卖感觉与心灵的安心，无形商品容易遭受客户回绝，以保险自己用不到为理由。不过，现今保险商品已经多元化了，有医疗、看护、住院治疗、年金还本型等，提供客户更多的选择。"王老师说。

"保险营销人员要以正确心态面对拒绝，客户拒绝的是保险商品，而不是你。"王老师继续道："为了凸显保险营销的不同点，你们必须态度亲切、诚恳，且应对要专业，让准客户知道你只需要他们简短的时间，而不是求他们买东西，更不是要强迫他们接受他们不感兴趣的东西……"

王老师看了看下面的学员，问："讲到这里，大家有问题要提吗？"

高明鼓起勇气问王老师："王老师，有人说推销由拒绝开始，在推销的过程中，必然会碰到拒绝。为什么销售的任何东西，客户总是会反对？"

王德昌看了一下座次表，说道："你叫高明是吧？"高明点头回应。

"举例来说，有一位快乐的工人，住在广州市番禺民生小区一90平方米的租房，保险营销人员拜访他，送出的提案建议是每年缴保费3 600元，那可是不少钱呀，相当于他一个月的工资呢！"接着，王老师道："高明，那名工人明显感受到营销人员的销售意图，或意识到积蓄要减少了，自然会产生抗拒反应，对吗？"

高明回答："王老师，推销必须有意图，没有意图就没有成交，不是吗？"

王德昌笑着对高明说："是的，销售人员一定要有促成意识。但是，若客户提出太多拒绝问题，就表示你的'销售回圈'出了问题。"

"不过，有时嫌货才是买货人。"王德昌又接着说道："高明，当准客户提出反对问题，若能实时沟通妥善处理，处理完反对问题之后，一定要适时地尝试签约成交。保险营销人员最怕的是不说话的准客户，反倒是不断提出反对问题的准客户，还可以从中了解其想法，如此也就有机可乘了。"

"故用兵之法，勿恃敌之不来，正恃吾有以待之，勿恃敌之不攻，恃吾有所不可攻也，乃上策也。"王德昌引述孙子兵法说道："在'销售回圈'接触约访和签约成交时，这两阶段最容易出现反对问题，不必害怕处理反对问题，但也不要过度喜欢处理问题。"

王老师说："在保险营销行业，最常遇到的反对问题，有如'我没钱了'、'我没有兴趣'、'我不需要'、'我已经买保险了'、'我家人或朋友也做保险'等，这些字眼出现的几率约有75%。客户不希望你只是告诉他保险有多好，他们不想听这些，而且也都听过了。客户若是提出反对问题，适时提供营销人员说明良机，代表客户听进去了；反之，客户对解说不闻不问，那才是真正的危险信号。因此，有专家说'销售从客户的拒绝或反对开始'。"

在课程接近尾声时，王老师对大家说道："其实，客户的反对或拒绝包含两种意义：第一种是消极的意义，拒绝是借口，是推脱之词，代表客户希望能够知道更多；第二种是积极的意义，拒绝是说服的开始，是着手签约成交的信号，也表示你需要告诉客户更多的事。因此，不论哪一种情形，拒绝都可以理解，销售是从拒绝开始的。潜能大师伯恩·崔西曾说过：'成功的销售所遇到的拒绝，要比失败的销售所遇到的拒绝多出两倍。'大家要牢记在心！"

回到办公室后，高明与汪总分享了王德昌老师的课程感想。高明问道："汪总，不知你是否有一套完善的反对问题处理模式？"

汪总回道："高明，成功的营销人员反对问题处理模式，都以心理学做基础，并包含三个步骤：反应谅解、澄清问题、回应问题。保险营销人员若能熟悉基本的反对问题处理三步骤，肯定成就非凡。"

"第一步骤'反应谅解'是指面对准客户的拒绝问题，站在对方的立场，先表示谅解或体会，给予同样的心理反应，这表示对客户意见的尊重，注意不要与客户争辩；第二步骤'澄清问题'是指客户提出反对问题后，保险营销人员必须重复问题重点，并进一步提问确认客户真正的问题；而第三步骤'回应问题'就是指当客户的反对问题澄清后，针对不同类型问题提供可以信赖的解决方案。

接着，说明保险商品或服务即将带给客户的好处，最后再提出有利的证据，以化解客户心中的疑虑。"汪总进一步分析道。

汪总继续说："高明，保险营销人员除了面对客户问题之外，第三步骤'回应问题'以使用6个方法来处理最佳：第一，'质问法'——以'为什么？'这句话反问是非常有效的工具。第二，'间接法'——对客户所提出的问题，先表示认同，然后照样陈述你的看法。第三，'引例法'——引用其他人或事例加以运用的方法。第四，'转移法'——把客户反对问题和公司或商品的特性连结起来。第五，'延期法'——当客户提出反对问题而你一时难以答复时的最佳方法。第六，'否定法'——又称'正面击退法'，这是正面否定客户问题的方法，这种方法比较容易，也是很多营销人员所使用的方法，但此方法非常易激怒客户，必须小心使用。"

高明听了汪总的话，觉得有必要深入去思考，并且在保险营销的实际过程中尝试去运用，同时提醒自己多多注意与客户交谈的遣词用字，以创造更大效益和收获。

第二十章　客户抱怨处理实战技巧

　　自从转行入保险业以后，为了提升营销技能及服务质量，高明从不间断自我投资、努力进修。在听了苗士强老师的课程之后，他便经常向苗老师请教，而苗老师也不厌其烦地指点迷津。

　　这天，好学的高明约了老师，想要请教关于"客户抱怨的处理技巧"。

　　苗老师看到手里提着礼物、穿着西装、正襟危坐听讲的高明，亲切问道："高明，你提到最近在工作上面对处理客户抱怨感到很棘手，希望老师协助，是吗？"高明恭敬地回应："是的。"

　　苗老师拿出一叠资料，笑道："在客户自我意识抬头、产业竞争激烈的大环境下，事业成功的关键在服务，以服务代替推销已成共识。若保险营销人员能够提供客户满意的服务，日后就能够建立忠诚的客户了。"

　　高明插话道："老师，在业务开展过程中难免存在着客户不尽满意的情况，尤其客户多时，既要开发新客户，又要照顾旧客户，面临的抱怨愈来愈多。"

　　"其实客户抱怨并不是找茬儿，我们要换个角度思考，他们是为了让彼此更好。面对客户的不满及抱怨，我们更要体贴地服务，想办法让客户转怒为喜。"苗老师有条不紊地说道："其实，每个客户抱怨的背后，大都有着一个未解决的问题。虽然有时抱怨也可能只是一时的发泄，但根据资料统计，一个不满意的客户会对十个人提出抱怨，让抱怨如滚雪球般不断扩大，所以，千万不要轻视客户的任何抱怨。"

苗老师接着说："客户抱怨处理的目的是'短期心痛、长期心动'，抱怨背后的二次营销，将是增进情感、建立熟客的良机。"

高明好奇地问道："老师，'短期心痛、长期心动'，这是什么意思?"

苗老师说："在处理抱怨时，需要承受客户的攻击，同时又不能反击，这就是'短期心痛'；如果积极处理客户的不满，让客户转怒为喜，让对方接受公司的理念，并接受善后的处理，变为忠诚的客户，这就是'长期心动'。营销人员的天职就是推广公司的产品，或提供满意的服务。没用过的客户要想办法说服购买，用过的客户要努力维持满意度，进而进行二次销售。"

"老师，营销人员要不断面对被拒绝的挫折，服务是营销人员的生命，也是再销售良机。"高明语带探索地问道："客户抱怨之时，也是对保险营销人员进行 EQ、交际手腕与专业度锻炼的良机，是这样吗?"

老师露出微笑，点头回应道："对。现在是客户至上的时代，只要是产品、待客态度、说话的方式等方面稍有闪失，都有可能引起客户的不满。若你了解客户满意或不满意所造成的影响，就会了解客户抱怨处理的重要性。"

苗老师手里翻阅着过去的资料，说道："根据统计数据显示，客户抱怨时，问题能够获得有效解决的话，这就是满意的服务。每一位客户平均会告诉亲朋、好友 5 个人，其中 95% 会成为忠实客户；若客户将不满意的服务藏在心里，每一位客户平均会告诉 10 位亲朋好友。所以，保险营销人员一次不满意的客户服务，所承受的损失远远大于满意的服务!"

苗老师道："不满意的服务会带来数倍于正面影响的负面影响，说明处理客户抱怨的重要性。因此，面对客户抱怨时，保险营销人员应该坦然面对，并且积极处理问题。不要怕，就当是为了建立忠实客户而铺路吧!"

高明继续问道："苗老师，当客户抱怨时，保险营销人员应以何

"高明,客戶之所以向營銷人員提出抱怨,大都是基於'我提出抱怨,必能促使你們公司獲得各方面的改善'。這表示客戶是信賴你的,你應該把它當成一件好事,並欣然接受客戶的抱怨,不要做無謂的辯解。"苗老師回道:"事實上,客戶抱怨處理得當,客戶對你的信賴感反而會增加而不會減少。當客戶獲得良好的抱怨處理後,必定逢人就會提及,無形中也給公司做了有利且免費的宣傳。"

苗老師笑著表示:"一般客戶抱怨的原因不外乎六點:第一,公司的錯誤,例如商品有缺陷;第二,營銷人員的錯誤,例如條款對客戶說明得並不清楚;第三,客戶的錯誤,例如保單投保了醫療險,但門診醫療沒有獲得理賠;第四,客戶的誤解,例如當我們在與客戶說明的同時,客戶聽錯或誤解了解說;第五,發生意外時,卻聯繫不到營銷人員;第六,理賠申請的時間太久,未獲理賠。這六點是我多年經驗的總結,或許還有其他原因。"

"老師,客戶抱怨的問題處理,應該有個固定的模式吧?"高明補充道:"若抱怨擴大,出現不可收拾的局面,公司與客戶兩方都會受到傷害。"

"客戶提出抱怨時,通常情緒都顯得較激動,切莫強行辯解。然而,不論什麼原因,都應認真聽取客戶的抱怨,等客戶怒氣消了,再迅速整理他抱怨的要點,並予以確認,最後才探究原因,做適當的處理。最重要的是必須'掌握黃金時間,先處理心情,再處理事情'。"苗老師回道:"若客戶仍然無法滿意,首先務必請有關的主管協助,否則容易造成不可收拾的局面。我建議採取下面的方式處理客戶的抱怨比較好:①處理客戶抱怨要迅速;②態度上要採取低姿態,盡顯熱情和誠意;③要站在對方的立場去考慮,不要自己找'理由';④傾聽客戶的聲音,肯定客戶;⑤清楚說明原因及處理方法;⑥賠償客戶的損失。"

苗老師補充道:"如果要有效地處理客戶抱怨,保險營銷人員可採取以下三個步驟:①給予諒解,設身處地為客戶想一想;②澄清問題,確定問題;③響應問題。"

接着，苗老师说了一个抱怨理赔的实例："我有个客户名叫王玲，她买了一份 20 年期 100 万元的终身寿险，每年缴保费 52 200 元，附加意外医疗限额 100 000 元。那时，王玲对我抱怨说：'你们保险公司真的很不合理，我 5 年间缴的总保费为 261 000 元。可是我因盲肠手术住院 3 天，你们居然一毛钱都不给理赔，我要投诉！'高明，处理这样的抱怨问题，我通常会采取三步骤法：① '给予谅解'，例如：'王小姐，我可以体会你的感觉，付了钱买保险，一旦发生事故，当然希望保险公司理赔补偿'。② '澄清问题'，例如：'王小姐，当时在签投保单时，你碍于预算而减少投保项目。所以，这次才会无法理赔'。③ '响应问题'。例如：'王小姐，建议你等这次治疗完成后，重新申请加保医疗险这块，以后，你就会安心多了，希望你多多包涵，再次感谢你的谅解与支持。'"

苗老师继续说道："高明，另外，你也可以利用四大原则来处理客户的抱怨：第一，使用友好的口气，但是态度要坚持；第二，条理分明地向他说明为什么无法满足他的要求的原因；第三，以客户的事例反问，例如：'如果是你，将如何处理？'或是'为什么你会有这样的想法？'；第四，向客户反复说明商品和服务能够带给他的好处在哪里。"

"总而言之，开发一个新客户的成本，是留住旧客户成本的 5～8 倍，要赢得一个新客户很难，要失去一个旧客户却很容易。因此，在讲求服务至上的今天，处理客户抱怨变得跟业务开发一样重要。"苗老师道。

第二十一章　引导提问打动客户的心

　　今天高明怀着喜悦的心情，参加了王德昌老师的专题讲座。讲座主题是"再造春天"，目的是教会保险营销人员如何有效提问，引导客户产生需求。

　　开讲后，王德昌老师提出理论，说："大部分的客户对于自己想购买的商品都存有一种怀疑的心理。为什么客户常对营销人员说'谢谢，我不需要'？而为什么有些保险营销精英根本不用靠推销，就能像拥有小说《哈利·波特》中的魔法棒一样，引导想要购买的客户上门？"

　　"有效提问引导客户的需求，对保险营销人员具有醍醐灌顶的作用，能够产生对客户的吸引力，这将是今天课题的重点。"王老师破题说："一位成功的保险营销人员，必须像管弦乐队的指挥，而非遵循指挥引导的乐师。"

　　"以提问销售法让客户参与销售过程，让疑心重的客户信服，强化客户对产品的信心，这是最有效的方法。因为客户参与了销售过程，其容易产生内心共鸣，同时营销人员也能够展示商品提供的好处，从而诱发客户产生购买欲望。此时，营销人员应该好好把握这个机会，将对方的欲望转换成行动。"王老师对学员们说："尤其，保险是个无形的商品，不需要时才能买，我们卖出的是未来的责任及梦想，而参与提问的销售是最佳的方法。"

　　这时，王老师从抽屉里拿出一支笔，说："大家都知道，我手上拿的是一支笔。在日常生活中，大多数的人将笔的用途定为书写。"他晃了晃手上的笔，继续道："但对于狗呢？他们视笔为可以磨牙的玩具；而刚好要整理头发的女性，则可将笔当作发簪；指挥家则可能用笔当指挥棒使用。"

"人对事物的认知，取决于个人的经验与需求。"王老师提高嗓门，说："营销人员让客户参与，才能发掘客户的认知，这也是让客户产生兴趣的技巧。"

王老师看了一下学员，继续说道："营销人员提问引发参与，以吸引客户的兴趣，促进客户产生购买欲望，这是有心理学依据的消费者行为模式。各位，营销人员一定要了解人类的购买行为及分析和处理信息的方法。"

"一般客户的购买行为从性质上大致分为理性与非理性。理性的占20%，这类人通过教育方式，如学校或大众传媒，获得商品优点或知识等信息，产生购买动机与欲望；非理性客户，另一种说法为感性客户，则占80%，他们很容易本能地受环境和情绪的影响，产生购买动机与欲望。"王老师说道。

"保险营销人员除了要考虑客户理性、非理性及预算的影响之外，还要注意辨认客户处理信息或知识的类型，以缓解双方紧张的气氛，并依购买者喜欢的模式进行沟通，才能提高签约成交率。"王老师道："客户处理信息的类型不同会影响他们对商品了解的程度。心理学家将人类处理信息的类型分为三种——视觉型、听觉型、触觉型。视觉型的大约有35%，他们只相信见到的东西；听觉型的大约有30%，他们比较相信听到的话；触觉型的大约有35%，他们对所接触到的事情特别敏感。因此，我们除了要让客户集中精神聆听，同时也要让对方产生互动共鸣，最重要的是，要让客户仿佛'看得到'、'听得到'、'接触到'好处。"

王老师停了一下，举了个案例说明："大约两年前，我拜访了一位陈总，他是客户黄凯董事长推荐的好友。当时，我准备向他推销最热门的旅游储蓄计划：'陈总，感谢你接受黄董的推荐。我刚刚进门时，看到门边那块玻璃彩雕，好美！你在哪里买的？'陈总说道：'那是三年前，公司到云南大理旅游时买的。'这时，我从公文包资料夹中拿出一本《香格里拉》画册，说道：'陈总，你平时都很认真地工作，工作繁忙，却往往忽略了人也是需要休息的，你同意吗？''是的，没错！'陈总回道。'所以你的好友黄董特别推荐我一定要来拜访你。黄董说你对工作很认真，健康的确也要照顾。'这时，我取出最受欢迎的旅游储蓄计划，对陈总说：'黄董也拥有这份计划，每年都会收到通知单，提醒你为了要走更远的路，该休息旅游一下了！'"

王老师说道："这就是让客户'看得到'的例子，我们可借此激发客户购买的欲望。在保险营销过程中，要让客户看见的是什么？无形产品像保险等，最好是让对方看到图片，如意外照片、理赔通知等。但有些情况下，无法做到'看得到'，就必须采用其他方法。"

王老师继续道："第一种是'让对方阅读'，让客户阅读剪报数据或推荐函等，可以弥补提问解说之不足，而想让客户阅读什么东西，可以在和客户见面前预先写下来。第二种是'让对方查证'，其实客户对于我们所说的话都有一种'想查证'的潜在心理，若事先考虑好客户可能的疑问，客户就会完全信服。第三种是'让对方参观'，若客户对保险公司的规模、资产、信誉等不甚了解，不妨请对方到公司实地参观。"

"第二个，让客户'听得到'，就是让客户听到商品的特点或可能带来的利益。你必须努力发掘商品的优点，同时想想是否还有一些被你忽略的，在客户面前将好处一项一项讲出来。"接着，王老师解释道："第三个，让客户'接触得到'。成功的保险营销人员都会认为，只要客户有接触保险的欲望，便有推销出去的希望。因此，你必须尽快让对方接触到保险。为了让客户快一点接触保险，你应该如何做呢？那就是在见到客户之前，将保险好处写下来。"

王老师不失时机地切入课程重点："至于保险营销人员提问的技巧方式，我建议使用三种方式，而每种方式的目的皆不同：第一，开放式——引导对方滔滔不绝地讲述，目的是为了搜集资料，以'5W1H'法则为基础，如'怎么样？''为什么？'……第二，封闭式——确定对方答案，目的是确定数据，引导对方回答'是'或

'否'，'可以'或'不可以'，'要'或'不要'等；第三，引导式——假设前提下的选择，引导对方思考并得出结论，此为最有效的提问方法。"

王老师继续说道："营销人员坚持运用提问软技巧，可以达到六个目的：第一，向客户表示关心；第二，引起客户的注意；第三，从客户那里获取一些情报；第四，强调主要的利益；第五，向客户说明商品在竞争中的有利之点；第六，引导客户签约以完成销售。"

晚8点，高明约了准客户张祥林，他是一位私人餐厅连锁企业的老总。高明准备运用引导式提问法来吸引这位准客户。

当高明踏入张总办公室的那一刻，看见墙上挂着一幅油画。俩人寒暄过后，高明便说："张总，这幅油画真美啊！挂墙上提升你不少品味，是哪位名家的杰作啊？"

张总微笑道："去年六月我到成都旅游时有天晚上逛街买的，画家都已经80岁了喔！"

高明看着张总，语带欣赏地说："张总，你真有艺术品味！"接着，高明进一步道："张总，当初是什么动机促使你创业的呢？"

张总爽朗地笑道："其实，我在学校念的是电子，但我的兴趣是餐饮，而我的梦想就是创业。那时正逢经济起飞，我就开始创立以年轻人为主要顾客的餐厅。"

"张总，你真有远见！以后有机会还请张总多多指导后辈！"高明说道，"张总，我的工作是替客户做财务风险分析。分析财务需求后，如果客户有需求的话，也提供客户实践财务目标的计划。"

高明接着自信地说："张总，我们这么努力工作和打拼的目的，其实主要是为了家人的幸福。所以，我们在出外打拼时，应该留给家人一份确定的安心计划，你同意吗？"

张总听了高明的提问后，回答："同意。"

高明接着又说："今天这个安心保障计划，是一个可以提供你24小时照顾家人的计划。"

接着，高明又以开放式提问搜集资料，道："张总，假如明天意外失能，你的家庭每年需要多少钱才足以维持生活？"

张总闭眼想了一下，回道："假如维持目前的生活质量，每年需要生活支出至少 10 万元吧！"

高明确定了张总的需求问题，接着，再以封闭式提问说："假如失能收入一直中断持续 10 年，应该要有 100 万元。若意外失能，张总，你照顾小孩与爱人的责任，将会落在谁的身上？"

"完全没有想过，我都还这么健壮呀！"张总回道，眼神有些许茫然。

高明又以引导式提问说："张总，我给你提供的最大帮助，是让你的亲人完全心安，这样的安心计划对你家人极有好处，对吗？"

"嗯。"张总完全认同。

回家的路上，高明带着客户签约的喜悦，充分感受到引导提问销售的魅力。

潜能大师安东尼·罗宾曾说："成功与不成功的营销人员主要的差别就是成功者善于提出好问题，从而得到好答案。"从事保险营销的这段日子以来，高明有了较深的感悟——保险营销精英要善于提出好的问题，以吸引客户的注意，诱发客户的购买动机，而保险营销人员提问的话题莫过于客户利益，能对客户表示关心的提问都是好方法，营销人员不能老是强调公司的商品如何好、如何棒等，终究还是需要以提问试探需求，再提合适的商品，方能打动客户的心，达到成交的目的。

第二十二章　善用说故事营销创造商机

今天晨会，由赵清文主任担任讲师，讲题为"证据是取得信任的法宝"。在营销业务活动中，信任真的必要吗？能否不需要信任还能够做生意呢？

作为开场白，赵主任开口说道："韩剧《大长今》风靡亚洲各地，为什么能跨越年龄和阶层，创下韩国60%、香港50%的超高历史收视率？除了一般认为的演员、编剧、导演、摄影、音乐等各项配合外，使得各地观众，不分男女老幼，一致感动的，正是剧中角色间的情谊与信任。因为，在《大长今》中，不仅描绘爱情，更多的是亲子、师生、同学、朋友、上司与下属、医生与病人间的信任关系，这也是营销人员与客户双赢的核心。"

赵主任继续道："史蒂芬·柯维博士说：'信任是所有关系、所有交易的生命力，更是生命中一切的基础。'一个人要先有自信，能处世事、善待他人，才能真的信任别人。若一个人有修养，受人尊敬，亦需要长时间被信任以后，在别人眼中才能成为值得信任的人……"

下课后，高明找到汪总，针对心中的疑问，道："汪总，我认同保险的功能与价值，才转行从事保险营销工作。但是，我每次面对客户时，总不免还是觉得被以另类的眼光看待，有时感觉真的好受挫！"

"高明，你怎么会有这样的想法呢？"汪总安慰他道。

高明说："有一次，我拜访了在小学担任教务主任的王裕泰，我推荐了一份 20 年期缴的储蓄保险。当时王主任看了以后，抬头说道：'高明，你所推荐的保险，好处已经说得很详细了，我是很相信你的，可惜，对于现时的保险，我依然持怀疑态度！'"高明叹了一口气，说："汪总，遇到这种情况，我该怎么办才好？王主任到底是不信任保险还是不信任营销人员？"

"除了提供证据，恐怕也别无他法。所以，保险营销人员必须事先准备好证据，例如理赔等相关数据，以取得客户对你的信任。"汪总语带鼓励地说道："高明，刚入行的保险营销人员，需要从建立客户对你的信任开始。若客户不能够信任你，你必须拿出破釜沉舟的态度，否则，客户就会马上筑起警戒的高墙，不敢将保险合同托付给你。"

高明缺乏自信地问道："汪总，那我该如何消除客户的疑虑？尤其是刚入行的保险营销人员如何才能够增加信心并消除客户对保险理赔的不信任？"

"高明，客户要将积蓄交到你的手上，当然也得评估保险是不是值得购买，是吗？因此，赢家的关建就是适时'运用营销证据'，以赢取客户的信任。"汪总笑着说："其实，客户如果都主动买保险，那这行业就不需要营销人员了。当然，我们的保险事业还有好长一段路要走，自然辛苦些，要学习赢家精神——'要为成功找方法，不要为失败找理由'。"

高明继续问道："汪总，那我们该如何准备营销证据，让自己及客户能够觉得放心自在？"

"首先，你要准备四样工具作为证据，在平时就要不断地搜集：第一，提出推销重点的证据；第二，推荐函或介绍信；第三，统计资料与剪报；第四，成功的实例。"汪总看着高明，耐心地回答。

说完后，汪总从文件夹中拿出四份有表格的数据，一边递给高明，一边解释道："一个人是否值得信任，证据来源包括口碑、意图及能力。高明，你看看第一份表格。这是我刚提到的第一点'提出推销重点的证据'。"

汪总继续说道："其实，客户在露出怀疑的神情时，你就必须立刻提出证据，让对方信服，而这个表格，就是推销重点的证据体现。表格内的项目包含个人的介绍、公司的介绍、商品的介绍（如剪报、图表等）、其他客户的证明、客户的推荐信及专家的证明、电话推荐、统计数据、保单（最好是营销人员本人的保单）、媒体的报道等项目。"

汪总停了一下，继续说："当然，如果你想到了更好的项目，也可以自己添加上去。其次，根据每一次销售重点证据，评估你是否已准备好证据。若项目已准备完善则以'√'表示，当然打'√'的项目愈多，表示证据准备得愈妥善。"

高明点头回应，问道："汪总，你提到将推荐函或介绍信作为推销证据，该如何处理呢？"

汪总回道："若营销人员能够携带推荐函或介绍信，这是取得客户信任的最佳武器。当你准备拜访新客户时，可请推荐者撰写推荐函或者在介绍信上签名。介绍信的内容可参考我给你的数据。而推荐函主要解决两个问题：第一，客户希望从哪些人的口中听到对你的商品与服务所做出的评价；第二，成交客户中哪些人可以帮你写推荐信。"

"那么，第三个'统计资料与剪报'呢？"高明问。

汪总答道："高明，人类吸收信息的方式，一般分为视觉型、听觉型与逻辑型三种。若遇到视觉型客户，除非他们看到数字数据或新闻剪报等证据，否则他们就不肯相信你说的话。针对视觉型的人，你要多方搜集准确的资料，而且愈多愈好。你可以将搜集到的数据分为三类，由左至右分别标示为'你想说明的重点证据'、'证明这一事实的统计资料'以及'统计资料的来源'。"

之后，汪总继续说道："而第四个'成功的实例'就是将你推销的商品以前曾为别人带来什么好处与客户分享。譬如理赔案例，这是你做商品特点说明时最有力的营销证词，客户基本上对这类信息都会发生兴趣。因此，你可以将搜集到的销售成功实例标上'销售成功实例的运用'，并附上理赔数据，同时按姓名等分类归档，这样你就不用担心会忘记了。"

　　"除此之外，你也可以将准客户听到这些实例时所反应的客户的情况填入表内。那么，在下一次面谈时，你就能提供这些实例与他们分享，从而提高保单签约的成功几率。"汪总笑着说。

第二十三章　迎接逍遥的下半生

　　高明今天安排的行程，主要是拜访在"120 勤务中心"的服务员赵自强，那是客户李虹推荐的，高明据搜集来的资料得知，赵自强今年 45 岁，已婚，育有一个女儿赵玉华，今年 12 岁了，念小学六年级。

　　高明准时到了"120 勤务中心"，他向值班人员问道："请问赵自强先生在吗？"

　　那人抬头看着高明，语气平淡地回应："我就是，你是哪位？"

　　"哦，我之前来过电话。"高明拿出名片，说道："我是你的好友李虹推荐的，这是我的名片，请多多指教。"

　　赵自强回应道："再过 10 分钟，我就换班了。你请在会客室里坐一会儿，我下班后马上过来。"

　　过了 10 几分钟后，赵自强走进会客室。高明站起来打招呼，道："赵先生，真的很高兴认识你，相信我们今天的谈话，对你的亲人一定大有帮助。"

　　赵自强紧蹙眉头，脸色严肃地点点头，一语不发。

　　为了拉近彼此的距离，高明主动打开了话匣子，道："赵先生，在你们勤务中心的服务工作中，哪次服务让你最难以忘怀？"

　　"在我的服务区内，有位自大学退休的高教授，今年约 80 岁了，他有个儿子居住在美国，老伴也是位退休教授，今年 78 岁了，后来一场小意外，造成半身不遂，行动不方便。"赵自强回忆道："有一次，高教授出外办事，他老伴不小心翻身跌落床下，邻居知道了，就打'120'求救。"

"中国几千年根深蒂固的'养儿防老'观念，随着子女到外地生活及现代价值观的冲击，已经慢慢淡化了。现在的老年人除了退休财务需要独立，生活起居更需要能够自主。"赵自强叹气道："未来我们好像都会这样。"

高明接着说道："赵先生，少子化造成人口结构改变，老人独居比例日增的确是现代趋势，现代社会一般都是双薪家庭，很少有人能够长期肩负看护老人的责任。所以，我们除了必须做完善的退休策划之外，长期看护及医疗费用的规划也不可缺少，你说是吗？"

赵自强沉默地点点头，表示认同。

"自强，其实每个人都应该对自己负责，不该将烂摊子丢给最爱的家人来收拾，变成家人的负担。"高明以开放式直接提问，说道："赵先生，从你开始工作到今天，相信已经赚了很多钱，但是，在支付生活费、孝敬父母的花费、子女教育费后，你个人的积蓄有所增加的收入的10%吗？"

赵自强回应道："根本没剩下什么积蓄，都投资到我的小孩身上了，身边的现金真的很少。"

这时，高明发现时机来了，再度引导说道："赵先生，强迫储蓄是要下定决心的，千万不能再错下去了。不要真以为认真工作就一定可以存到钱，如果现在存不到收入的10%，以后还有可能存下吗？"

赵自强感慨地回道："的确，物价上涨永远大于薪资调整，收入实在有限，要存钱真的不容易。"

"事实上，每个人都需要一幅储蓄蓝图，储蓄绝非像丢枚硬币，不是正面就是反面般那么容易，马上就能够知道答案，而是要从预算支出开始才有积蓄，并且落实强迫储蓄，才能完成目标。"高明语气平和地问道："赵先生，每个人总有退休的这一天，但是，有一天你退休了，会依靠小孩过退休生活吗？"

赵自强直觉反应地说："不会！只要小孩不回来要求帮忙就行了。物价一直上涨，孩子自己要应付生活支出已经够辛苦了，不能再麻烦孩子了。"

"没错，现在我们养育子女的价值，只是感情与亲情上的需求与义务，很难要求实质经济回报。"高明继续追问道："赵先生，你看，足够的退休金是一定要有还是可有可无呢？"

赵自强直接道："当然是一定要有。"

眼见已经深入主题了，高明继续说道："赵先生，当我们退休后，若你需要再就业，工作机会减少了，竞争能力也变差了，但那时却反而是最需要用钱的时候，之前的生活开支、教育投资、房租等方面已经把钱全花光了，辛苦工作一辈子，也没存下什么积蓄，那晚景就不好了。"

这时，高明说道："赵先生，假设今天你退休了，收入没有了，这时候才发现储蓄不多，将会产生什么后果呢？你计算过需要存下多少退休金才足够养老吗？"

赵自强摇摇头，回答道："我从来都没有想过这个问题。"

高明继续问道："赵先生，你没有想过这个问题，那如何确保退休以后不依靠小孩呢？"双方一句话也没说，彼此沉默了一会儿。

高明说道："现代人平均寿命提高，且期待'退得早'又'退得好'的人生，后段人生的确需要安排。我以5个问题分析后，让你确定必须储备多少退休金。赵先生，这样对你应该有好处吧？"

赵自强立即回应道："有。"

高明从公文包拿出一份问卷调查表，简单问道："赵先生，你只需要回答我5个问题，我就可以为你勾勒出一份退休蓝图了。第一，你计划打拼到几十岁？"

"理想的目标是55岁。"赵自强回答。

"好，那问你第二个问题，以目前的币值来看，你退休后每个月理想的花费是多少？"高明问。

赵自强心中盘算了一下，说："每月平均 3 000 元总需要吧！"

高明继续问道："好，那问你第三个问题，你要储备的退休金计划，应该准备到几十岁会安全些？"

赵自强回答："最少要 80 岁吧！"

"那么，第四个问题是，你退休后有一个大难题，那便是每年的物价上涨，你知道物价每年平均上涨多少吗？"高明问。

赵自强回答说："每年平均上涨 3% 以上吧？"

"好，那我问你第五个，也是最后一个问题。你从现在到 55 岁退休，还有多少年准备时间？"高明问。

赵自强算了算，回答说："只有 13 年的准备时间。"

"我有这些数据，就可以协助你分析退休后的需求。"高明微笑道："赵先生，若你现在已经 55 岁了，现在开始退休，每月平均支出 3 000 元，所以年平均支出最少要 36 000 元，以物价上涨 3% 计算，到 80 岁的支出准备金，你必须要有储备退休金 1 339 429 元。但是，你现在年龄为 42 岁，距离退休年龄 55 岁还有 13 年间的物价上涨问题。因此，以现在币值计算实际金额为 1 966 997 元。赵先生，这个金额是多还是少？"

赵自强看了高明一眼，直接回答道："我不可能有这么多钱！"

高明心想："这就是我来的目的。"于是，他又娓娓道来："在规划退休时，预估需准备的金额扣除已备金额以后，若有缺口必须有计划地投资在合适的理财工具上。当然，还必须衡量年龄及回报率、目标达标率，并且定期关注进度，定期调整策略，否则退休生活将是一场梦。"

"退休乃人生的另一个开始，无论你是一位初出茅庐的社会新人，还是上有高堂、下有子女的中年人，都必须依靠年轻的你来照顾老年的你，因此都需要及早做好退休规划。"高明语重心长地说道："我们最好对自己的健康、经济等各方面好好来一次大体检，进行妥善的财务风险规划，才能带给你满意的另一个开始。除此之外，规划退休时，更不能忽略 5 大风险：①长寿风险；②通货膨胀风险；

③资产分配风险；④提领风险；⑤健康医疗支出风险。"

"我可以在下周提供一份计划供你参考。赵先生，该怎么进行退休理财，让人既期待又怕受伤害，但人还是要退休，更需要妥善计划以规避风险。"高明道："由于现时已经进入高龄化、少子化的社会，养儿防老的观念也已经逐渐淡化，因此，未来将成为老人的青壮年，有必要做个全面的检查，日后才能成为快乐的银发族。"

第二十四章　不断自我突破创新局

　　今天公司的内部培训课程名为"持续成功的必要条件"。林永松老师拿起麦克风问道："各位同学，常言道'成功是有条件的'。那成功者应是什么样的人呢？是最优秀、最聪明的人，还是拥有机会并决心掌握机会的人呢？"

　　林老师暂停了一下，继续说道："其实成功分为短暂性和持续性两种，短暂的成功看机缘，也许你有长辈的支持或是运气很好，而持续性成功的基本条件就是必须靠你在内心深处下定决心，坚持为成功找方法，绝对不为失败找理由。"

　　林老师问道："各位同学同意吗？"学员们毫不犹豫地齐声回应："同意！"

　　林老师继续说："学习型组织之父彼得·圣吉如曾经说过：'未来唯一持久的竞争优势，就是要具备比你的竞争对手学习得更快的能力。'"

　　"一般来说，保险营销人员若想知道目前自己的工作在哪一方面需要突破，首先要确认从事目前工作所必须具备的文化，再衡量自己目前已经具备的文化水平，再提出来做比较，譬如，你需要具备税法、财务、投资工具等方面的知识，才能打入高阶消费群，或者拥有客户推荐的职能，方能具备永续经营的条件。"林老师建议："从今天开始，你不妨订立三年以后一定要达成的业绩及人力目标，为了保证自己能够实现这些目标，更必须不断地增加自我成长所需的知识。"

　　接着，林老师发放了一份问卷给所有学员，说道："请各位学员用5分钟来回答问题，检测必须具备哪些文化才能成功。"

每个学员拿到的问卷上面都写道：

☐ 考虑自己所应当具备的知识与能力。

☐ 考虑使自己更快乐、更充实的方法。

☐ 培养自己内涵修养的方法。例如：音乐、文学、美术，甚至第二外语等。

☐ 考虑使自己组织更壮大、更充实的方法。

☐ 培养自己的领导能力、学习相关知识的方法。例如：人类行为学、领导艺术、组织原理等。

此时，教室里变得鸦雀无声，突然，高明举手问道："林老师，新进营销人员不知必须具备哪些文化才能成功？请老师给个建议吧！"

林老师没有直接回答高明，却讲起了三国的故事："在公元208年，曹操率水陆军由江陵顺江而下，与孙、刘联军相遇于赤壁（一般认为在今湖北蒲圻西北，长江南岸），于是爆发了著名的'赤壁之战'，这也是形成三国鼎立的关键。然而，由于周瑜妒才，想借3天造10万支箭的目标为难并除掉诸葛亮，但诸葛亮并不紧张，带着三个随从到江边察看，料到第三天会起大雾，想到了'草船借箭'的妙计，那天便叫三个随从把20只小船的两侧插上草靶子，并围上布幔。三个随从完成以后，便向诸葛亮回报。在回报过程中，这三个随从互相使了个眼色，然后对诸葛亮说：'军师真是神机妙算。不过，若是要最终得到箭，以目前的摆设，可能会被看出破绽，箭也可能拿不到！'面对这样的建议，诸葛亮也想听听他们三人的高见，不过，他们口风可紧得很，在第二天晚上，才让诸葛军师看。诸葛亮笑笑，准备等到隔日晚上，再来看看。到了第二天晚上三个随从便请诸葛亮到江边察看，只见每只小船的船头，都立着两三个稻草人，套上皮衣、皮帽，看起来就像真人一样。诸葛亮看到这种情况，不禁笑着说：'真是智者千虑，必有一失；一人难敌三人之智呀！'"

林老师说："之后，曹兵果然中计，万箭齐发射向小船，诸葛亮也就顺利地'借'到了 10 多万支箭。由于那三个随从是皮匠出身，从此以后便有了'三个臭皮匠，顶个诸葛亮'的谚语！"

听完老师的故事，高明大声回应道："真是'天下无难事，只怕有心人'。林老师的意思是，不懂的事只要请教过三位同事，通常问题就迎刃而解了，是吗？"

"是的。"林老师拿着问卷，对所有学员说道："若营销人员要达成业绩或人力目标，必须具备知识、态度、技巧、习惯四项学习目标，因此，你必须像伴侣般时常把它携带在身边，随时提醒自己，并且努力学习。"

随后，林老师又讲了一则故事："有一天，我在开车上班的路上，听到一则值得深思的广播，说的是有一个农场，每年都会举办一个为时三天的砍树比赛。有一年胡滨和江宏达两个年轻人一起报名参加比赛。比赛开始，两边的伐木声不绝于耳，但就是看不到人，双方的输赢必须三天后才能知晓。胡滨埋头苦干，不停地砍，砍了一阵子，他听到江宏达的砍树声停下来了，心想江宏达应该是在休息。之后，胡滨仍然继续砍树，但他万万没有想到，江宏达休息是为了使他夺标的机会更大；江宏达那边的砍树声大约停了一小时后，又传来砍树声。由于从比赛开始后，胡滨就非常卖力地砍树，一直都没有停顿，而江宏达的砍树声音却是断断续续的，因此，胡滨相信，自己应该是稳操胜券。三天后，统计结果出炉了——胡滨砍了 20 棵树，江宏达却砍了 30 棵树。胡滨非常惊讶，说：'江宏达，你的砍树声断断续续，怎么最后数目会比我多呢？'江宏达回答说：'我每次停下来，并不是偷懒呀！我都是在磨斧头。'"

林老师说完，喝了一口水，继续道："这则故事提醒大家'认真工作，不如有效率地工作'，时代在变，我们必须不断进修，学习是为了创造竞争优势。因此，最好的投资是投资自己的脑袋，如此才能避免被竞争者超越，从今天起，赶紧开始做最好的投资吧！"

此刻，高明茅塞顿开，现今全球化的竞争时时刻刻都存在，想要成为杰出的营销精英，就不能不提升自己的竞争力。

接着，林老师说道："营销人员与上班族的工作时间，最大差别就是自己掌握与他人安排。但营销人员如安排不善，其时间就很容易无声无息地溜走，所以，营销人员除了安排计划之外，更要懂得如何管理时间！"

"若你决心成为一名营销精英，就必须秉持凡事'立即行动'的态度，也就是说，该做的事都要养成'起而行'的良好习惯。"停了一下，林老师继续说道："人最容易犯'4M错误'——'MA'（马马虎虎）、'MEI'（没关系）、'MEI'（没办法）、'MAN'（慢慢来），这便注定是失败的开始，也是一般销售人员常见的怪现象。"

高明听了林老师的话，回应说："林老师的意思我了解，但是那是人性，该怎么克服此障碍或习惯？"

"很简单，'今日事，今日毕'，只要牢牢记住这句老生常谈的格言，一定就可以克服。'起而行'使一个人足以成就大事，而姑息'4M错误'的后果，往往会让你通往失败之路。营销人员的行动决定成功，那么，该如何自我激励、立即行动呢？"林老师说完后，告诉学员看看手头的问卷便可以知道该怎么做了。

只见问卷上面写道：

□ 不断自我暗示，成为营销人员中的精英，因此必须"立即行动"。

□ 坚持让自己每次"立即行动"，久而久之，你就会养成"轻易行动"的习惯。

□ 不断提醒自己"何必着急"，这是营销人员的大忌，也是自欺欺人的想法。

□ 不断提醒自己"以后再说"，将夺走你今天的推销力，失去这种力量，意味着你将不会有所作为。

□ 每日三分钟，想像人生目标达成时的喜悦，让梦想刺激你"立即行动"。

看完手上的资料，同学们继续听林老师说道："名人杰弗瑞曾说'对目标的冲刺，若一再拖延，将使一个人陷于万劫不复的境地'。因此，我们要不断自我暗示：'我要成为公司最棒的保险营销人员'，让我的亲人以我进入保险业为荣。"

林老师接着提高声音，说道："若你没有成功的欲望，奉劝你早日脱离保险营销人员的行列，以免浪费生命。不过，在踏出第一步就如此退缩的弱者，相信无论进入何种行业，仍会是个失败者。"

说完后，林老师在白板上写道："成功不是因为运气，而是定律，是一种自然法则。"然后请大家铭记在心。

接着，林老师继续说道："美国成功学大师拿破仑·希尔说：'人与人之间只有很小的差异，这种很小的差异，却能造成巨大的差异。这种很小的差异，就在于你所具备的心态是积极的还是消极的。而这个差异也是成功或失败的分野。'也就是说，行动必须从今天开始！从现在开始行动，你与梦想或目标的距离也就愈来愈近了！"

在课程结束后，高明利用一点时间把今天课堂上所学的东西记录在笔记本里，时常翻阅，提醒自己不忘终身学习的重要性。

"老师的意思是，成功者总是把握当下，立即行动，并且自我暗示一定要实现它。若以这种态度来做事，岂有不成功的道理？"高明心想："要想成为一名保险营销精英，必须要有访问计划，从今天开始立刻做好它，以证明自己'立即行动'的决心，并且自我激励，在往后的每一天，都要养成这种好习惯。"

第六篇　出类拔萃战略

第二十五章　超越客户满意度

　　整整一天，三丰保险公司内部都在举办"客户满意培训班"。鉴于保险营销人员成功的关键在于拥有源源不断的客户，以及提供客户满意的服务，因此，公司特别为同仁安排了这样的课程，以超越客户的满意度为目标，帮助保险营销人员了解客户服务的重要性，学习迅速响应客户需求的技术，提升服务客户品质，最终形成保险营销人员的竞争优势。

　　高明本来就十分关注学习，这样的课程他自然不会错过。他满怀期待地参加此课程，希望自己能向保险营销精英的目标更进一步迈进。

　　此次课程是由保险界销售老将叶灵老师主讲。客户满意度决定企业在市场上吸引顾客的能力，也是决定客户忠诚度的指标，而顾客的多少决定了企业的兴衰，因此，客户满意度也是间接决定企业兴衰的重要指标。所以，"如何提升客户满意度"成为每位保险营销人员都必须面对的课题，这也是叶灵老师授课的核心部分。

　　早上9点，课程准时开始。叶灵老师以生活话语来暖场，对下面学员说道："各位，每个人都有接受别人服务的经历，譬如，出门搭车、上餐馆吃饭、逛百货公司等。但是，如果遇到服务不周的情况，客人会感觉非常扫兴，还会信誓旦旦地表示，以后再也不购买这一家公司的商品或服务了。除了自己心情低落之外，或许还会告诉身边的亲朋好友，这家公司的服务非常差，甚至诅咒他们生意不好。"

叶老师接着说："同样地，客户购买了一张保单，但未获得保险营销人员满意的服务，心里难免也会产生怨恨，其影响力非同小可。因此，关注客户满意的服务非常重要！"

叶老师看着学员们，继续问道："首先，我想问大家，你们认为谁是我们真正的客户？"

学员们大多回答："老师，购买保单的人就是我们的客户。"

叶老师试图将学员们的回答与保险销售连在一起，因此接着说道："在北京路上矗立着三丰保险公司的形象广告，广告里呈现出王伯伯快乐生活的场景。假如，陌生的路人或观光客看到该场景，一定会感觉非常温馨、幸福和美满。各位学员，陌生的路人回到家后，或许就有一部分的人会对他的亲人说：'我们退休以后，也要像北京路上保险公司广告的老伯伯一样，过着幸福快乐的日子。'这样你们同意吗？"

学员们异口同声："同意。"

"那就对了！"叶老师继续这个话题，"其实，只要接触到我们的商品、信息、服务的人，都是我们的客户。不管有形或无形，只要会影响到客户对公司的评价及忠诚度，都可以视为客户。"

高明举手说："那么，我们要如何来服务客户呢？"

叶老师拿出一份自我探索表，说："现在我发给每个人一份自我探索表，各位学员，请以你的标准来回答。"

几分钟过后，叶老师收回学员们填写的自我探索表，发现针对第一题"各位心中的服务对象指的是谁？"这个问题，多数人回答的都是"与收入直接有关的对象"。

于是，叶老师对学员们说道："我发现针对第一题中'各位心中的服务对象指的是谁？'这个问题，多数人回答的都是'与收入直接有关的对象'。所以，公司形象好则容易销售，形象不好则寸步难行。因此，公司内勤、外勤人员对提升客户满意度都很重要，他们彼此的关系是一种共生关系。"

高明对叶老师的说法感到疑惑，其他人也同样带着疑惑的表情，叶老师解释道："其实，只要接触到我们的商品或服务的人都是客户，不要忽略了能与我们保持忠诚关系的客户。虽然他还不是公司的客户，但至少使他不要影响别人成为我们的客户……"

课程结束后。高明在自己的笔记本里写下今天的课程心得——今天才真正了解到，为何内勤、外勤是互利共生的。以后，我们都必须以"共好"为原则。

两天后的下午，是高明打电话经营客户的固定时间。他刚从茶水间倒了一杯开水，准备回座位拨打电话给客户并整理给客户的信件，这时，电话突然响起，高明接起电话："你好，三丰保险。我是高明，有什么地方可以为你服务吗？"

对方说道："我要换业务人员，你们的服务太差啦！叫你们经理听电话。"

"请问先生贵姓？怎么称呼？"高明客气地询问。

对方说："我姓林！叫你们经理听电话。"

高明仍耐心询问："林先生，方便告诉我发生了什么事情吗？这样好方便我向经理报告，请经理听电话。"

对方的声音高亢，十分激动："你们保险业务员的服务实在太差啦！上个月我申办的意外伤害理赔，竟然一个月了还迟迟下不来！你们这家保险公司效率这么低，真是太差劲了！"

经历了这个事件之后，高明领悟到，营销人员代表着公司的形象，必须积极学习让客户满意的服务要诀，不然会对公司形象造成极大的影响。

在下班前，高明遇到了苗士强老师。苗老师对高明有着深刻的印象，肯定高明是位积极、上进的保险营销人员，便主动关心起他最近的工作状况。

高明趁机请教苗老师："苗老师，我正在想，到底我们要怎样做才能让客户满意。只要找出客户的需要，然后满足他，这样就是'客户满意的服务'吗？"

苗老师点点头，说："营销人员必须深入客户的内心，找出对我们公司、产品及员工的期望，并且提供客户最快速、最直接、最符合意愿的服务，同时还要比竞争者早一步满足客户的需要。"

停了一下，苗老师继续说："保险营销人员还要从客户的角度来认知和评估，并且这个过程还要不断地改善，以获得客户的信任，使他们成为忠实的客户，进而达成共存共荣的目标。这就是客户满意的服务。"

高明心中不解，接着问道："苗老师，客户不满意就可以放弃啊。为什么需要达到客户满意？我们无法满足每一个人啊！"

"了解客户满意的定义后，还要知道为什么我们需要客户满意。因为我们面对客户问题，一般都喜欢以个人过去的经验以及公司的立场来处理问题，却忽略了客户的心情与感受，因而未能掌握客户真正的需求。"苗老师说道。

"那客户因问题无法获得满意的回复会影响客户购买行为吗？"高明问道。

"高明，打算购买保险商品的客户，有的是受营销人员的解说感动，有的是受保险图片的刺激，有的则是认同媒体的报道，各种情况都有可能。当然，不一定所有人都会采取购买行动。"苗老师说道。

"但是，冲动型的购买者毕竟是极少数，绝大多数客户购买任何商品，都会经历复杂的心理斗争，方下定购买的决心。时代在改变，如果我们仍只是重视商品设计及业务销售，未来自己的路只会越走越窄。"苗老师回忆自己以前的经验，笑着继续说："尤其，保险以无形的价值服务，销售必须从产品的差异性转型至客户需求的表述，这样才是真正的关心客户。有时，营销人员会以自己的立场提供服务，这样不一定能满足客户的需求。事实上，真正懂得服务客户的人，才是未来的大赢家。"

"好，我会铭记在心的，谢谢苗老师！"高明说。

"高明，就像子女没有选择父母的权利，但身为父母的，就要给他们相同的机会，这样才能算是真正的父母，对不对？"苗老师问高明，"你觉得像这种对话会冲击到准客户吗？"

高明想了一下说道:"会的,但也不是100%的!"

"当然,每一个客户购买东西都有目的,目的也不尽相同。"苗老师说道,"产生了购买需求,也要有经济条件才行。接着,他会选择商品项目,评估营销人员及公司的形象等,从而会做出购买决定。"

"所以,苗老师的意思是,当客户有了购买的意向,必须满足客户的需求,而且该需求得以转化为现实的购买欲望,这中间与客户是否满意直接有关?"高明提出疑问。

"当然,客户决定购买以前要评估满意度,对商品满意了,对公司形象也满意了,才会掏出口袋里的钱。"苗老师道。

"那么,怎样才能赢得客户的满意呢?"高明问道。

苗老师没有直接告诉高明答案,而是讲了一个故事:"我住的小区是一栋老旧的大楼,也是一栋住家与商业两用的大楼,里面有部旧电梯,商家们总是抱怨电梯太慢,每次等的时间太久,但物管又缺少经费来更换一部新电梯,那么该如何满足住户们的需求呢?后来,物管在靠电梯的墙上安装了一部电视,让人们等待电梯的时间不再无聊,就减少了许多住户的抱怨。换句话说,保险营销人员只要能够真正了解客户的需求,也能让客户的满意度提升。"

苗老师继续说道:"因此,关注客户满意度的管理者往往会发现,在提升满意度的过程中,除了满足客户实质的需求如理赔的申请等之外,也要注意客户心理层面的'软性技巧',例如服务季刊的寄送、每年的保单校正等,这些也是赢得客户满意的好创意。"

高明肯定老师的说法,请苗老师继续说下去:"苗老师,是否可以从营销人员的角度来解析客户的满意度呢?"

"保险营销精英会使用最直接、最主动、最能深入客户内心的方法,让客户从心理上对自己、公司及商品充满期望,进而预先满足客户的需要。"苗老师回答。

高明还来不及响应,苗老师又继续说道:"此外,保险营销精英还要持续不断地改善与客户的关系,以获得他们更多的信任,使他们成为忠诚客户，进而达成同舟共济的目标。"

"那除了客户开发，保险营销人员在'客户满意服务'上，应该掌握什么原则，才能永续经营保险事业?"高明问道，瞪大眼睛等待苗老师的答案。

苗老师说道："针对保险事业的'客户满意服务'，需要掌握十大原则——注重客户长期利益；承诺重于一切；从客户立场设计商品建议书；注意客户需求的改变；以服务取胜；重视并迅速处理客户的抱怨；牢记客户的姓名；固定寄送客户行业的相关信息；适时运用感谢卡；将客户分级且定期联络。"

高明对苗老师的回答感到很满意，回应说："所以，一线的保险营销人员，无时无刻地提供让客户满意的服务，除了需要不断努力开发客户，还要做好服务工作。最重要的是让客户满意，满足瞬息万变的客户需求，以追求客户满意为目标。"

"没错。"苗老师满意地点点头，又立即补充道："另外，为了关心客户，每一位保险营销人员应该规划一套'基本服务项目'及'增值服务'，在密切互动中与客户建立良好的关系，让客户的信心更加坚定。如此，客户才会产生满意的微笑，进而拥有品牌忠诚度，继续消费加保，并且为你推荐新的客户。"

高明露出灿烂的笑容，道："我想我了解了，谢谢苗老师!"

第二十六章 无往不利的高说服力技巧

　　高明、叶玮、赵敏、萧珊珊等与汪总约好今天下班后一起去 KTV 唱歌放松一下，同时庆祝业绩达到目标。

　　进入包厢后，一如往常，爱唱歌的立即开始点歌，喜欢听歌的就坐着听歌。突然，叶玮问身旁正在唱歌的萧珊珊："喂，9 点了没?"萧珊珊继续唱歌，没有理会叶玮。过了一会儿，叶玮又问赵敏："喂，9 点了没?"赵敏也没有理会他。

　　这时，萧珊珊对赵敏说："我们约好唱歌唱到晚上 12 点钟，叶玮干嘛还一直问 9 点了没?"于是大家都不理叶玮，只顾唱歌。叶玮不死心，接下来又问了高明同样的问题，高明还没有回答，萧珊珊就一下火了，大声说道："叶玮，你不要闹了好不好? 我们不是说好要唱到 12 点的吗? 你一直在那边鬼叫'9 点'、'9 点'，你什么意思啊? 好好唱歌不行吗?"气氛突然凝结，大家都愣住了，然后叶玮也火了，大声地回道："萧珊珊，你凶个屁啊! 我是问'酒'点了没!"当叶玮说完之后，全场大笑，大约过了 10 分钟才停止。

　　因为叶玮的家乡口音很重，普通话又说得不清楚，崇德团队的保险营销人员每个人心里几乎都在想："叶玮说的话，客户能够听得懂吗?"

　　唱毕，高明开车顺道载汪总回家。在车上，高明说："有一次，我到珠江码头附近公干，从北平路要到珠江码头。在路上，遇见一位中年妇女推着婴儿车，迎面从人行道走过来，经过我身旁时，我对她说道：'你的孙子好可爱哟！'但那位妇女却给了我一个白眼，回道：'她是我女儿！'"

"汪总，那时我真的很尴尬！"高明边开车边说道："很多人以为沟通就是'真心话直说'，但其实并不是如此。在我们的生活中，有些对话听起来像笑话，可是，并不是每个人都能当它是笑话。"

"高明，每次营销时，与客户的对话内容，都要谨慎考虑。注意观察客户是否听得懂，是否了解你的意思。"汪总微微睁开眼，笑了一下，继续说道："保险营销人员不是你认为是什么就是什么，重要的是必须了解客户的想法，满足客户购买需求，才能迅速说服客户做决定。"

接着，汪总又语重心长、郑重其事地说："高明，你说了什么其实并不重要，重要的是客户听到了什么，除非他能接受，否则等于白说。"

听了这话，高明微微一愣，问道："汪总，对于'沟通'与'说服'的定义，你说两者有什么区别？"

"沟通应为观念互相交换，说服是为了改变客户思想。"汪总想了想，说道，"因此，保险营销人员永远都要记住，推销最重要的是建立信任感。所以，在销售过程中，你必须花至少一半的时间建立客户对你的信任感。"

高明诚恳地问道："那么，汪总，我该如何让客户建立信任感？"

汪总说道："高明，建立信任感有三个步骤：第一个步骤就是倾听；第二个步骤就是沟通；第三个步骤就是说服，进而延伸到'改变客户思想'，并影响客户的购买行为。"

听了汪总的话，高明陷入沉思，叹了一口气，说："汪总，现代人都急于发表自己的意见，很少愿意听别人讲话。在销售过程中，有哪些方法可以赢得信任？"

"高明，若你遵循这三个步骤，就可以建立客户的信任感：第一，你要会提出好的问题，让客户开始讲话，如'你平时爱从事哪些娱乐活动？'或是'你为什么会购买这份保险合同？'或是'你为什么会从事目前的工作？'；第二，你要懂得赞美及表扬客户，如

'你穿的衣服看起来真是美极了！'或是'你的发型看起来好帅啊！'而且是真诚地赞美，不是敷衍，赞美会建立信任感；第三，你要不断地认同客户，客户讲的不一定是对的，但只要他是对的，你就要开始认同他。"汪总说道。

高明点头赞同汪总的看法，每一个人都是期待被了解、被认同的。接着，汪总说："保险营销人员在开始时不断地提问，并且仔细地聆听对方的反应，确实能够有效建立信任感。"

听完以后，高明眉头微皱，看着汪总说："汪总，那营销人员了解客户的思考及决策模式，也获得客户信赖以后，有哪些方法可以提升说服力从而提高促成率？"

汪总说道："高明，增强说服力提高促成率的方法，有以下几种：第一，'提出统计数字'，说服别人就需要证据，而证据有好多种，其中一种最有力的证据，就是理赔金额的统计。"

高明问："汪总，可以用你的销售经验，举个例子说明如何运用理赔统计资料吗？"

汪总从公文包中拿出一份统计表，回应道："高明，若你能够提出'意外、医疗或死亡金额'这样的统计数据表，那将胜过千言万语。倘若客户已经不相信保险了，你还一直强调'条款该赔的都会赔，不赔的一定有原因'，这种说法就很难说服人。"

高明点了点头，继续问道："汪总，这点我完全了解，还有其他方法吗？"

"第二，'举出亲身事例'，以'魔术方程式'讲述自己的经历，如此，可以倍增客户感动力，赢得客户认同。"汪总回道。

高明很感兴趣，又继续问道："汪总，还有方法吗？"

"第三，'运用理赔收据'，证据就是一种真实体验，最容易引起客户注意。"接着，汪总举例说："因为理赔付款收据作为视觉销售工具，比用口头说明更能令人动容，并且消除怀疑保险理赔的疑虑。"

高明继续问道："汪总，还有其他方法吗？"

　　"第四，'使用好的比喻'。以生活中所使用的东西来做比喻，这样客户就很容易理解保险的功能。"汪总语气轻松地回道，接着举例说："譬如汽车的安全带、骑士戴的安全帽、工厂里的灭火器、道路旁的消防栓、家庭急救箱、汽车的预备胎等，这些东西都可以说明保险在生活中的重要性。"

　　高明赞叹道："汪总，你懂得真多呀！一定经过了长时间的体验，那么，还有其他激励法则吗？"

　　"第五，'引用专家证言'。名人的话有一定的公信力，多数人也比较信任他们说的话。"汪总笑着说道，接着又说："保险营销人员适时引用名人的话，来佐证保险的价值，并且在提出时还要运用比较生动、活泼的表达方式，才不会显得自己好像是在卖弄知识。"

　　不知不觉中，车子已经开到了目的地。下车前，高明又问汪总："汪总，你刚刚谈到第二种方法'举出亲身事例'中提到的'魔术方程式'到底是什么？"

　　"引导客户产生需求，把不可能的变成可能，引发客户迫切需要感，协助保险营销人员提高签单速度，就是这套'魔术方程式'。"汪总说道："高明，'魔术方程式'有三个步骤：第一，将你要传递的观念，以包含'时间'、'地点'、'经过'这三个要素的形式表述出来，以'启示'作为例证总结，详细而生动地传达给客户；第二，陈述你的启示要点，使客户了解他的责任是什么；第三，告诉客户若采取你的提议将会有什么好处。"

　　语毕，高明恍然大悟，说道："原来是这样，以前我从来都不知道这些。"

　　汪总怕高明还不了解，又再主动说："高明，我举一个使用'魔术方程式'的实例，你听听看。在2008年，有一位名叫郑惠敏的客户，38岁，夫妻皆为职工，两人月收入约11 000元，结婚15年了，文化素养不高，经济能力一般，育有一个儿子小如，12岁。在2009年6月，郑惠敏在例行的健康检查中，发现肺部有黑点，住进了医院治疗。下班后，我到医院探访她，却没想到那也是我最后一次见她了。当时她的住院收入保险每天给付200元，我告诉她，不妨请一位专业看护人员来照顾她，好让 75 岁的婆婆可以回家休息。那时，郑惠敏含着泪、忍着痛，告诉我：最遗憾的是责任未了，这笔保险是唯一可以留下给孩子的钱，因此……"

"3 个月后。我有位客户推荐了一位准客户王潼，他是私企外贸业务人员，33 岁，我就用了'魔术方程式'。"此时，汪总停了一下，又继续说道："王潼的年收入约 8 万，爱人 29 岁，是一家国企的职工，年均收入为 6 万元，夫妻育有一个 3 岁的女儿。经过 3 次访问，才进入结案阶段，但是，王潼迟迟做不了决定。于是，我对他说：'王潼，在 2008 年，我发展了一个郑姓客户，很年轻，才 38 岁。但她却在来年 6 月做例行健康检查时，发现肺部有黑点，住进了医院治疗。为了每天 500 元的收入补贴可以留给唯一的小孩，劳烦 75 岁的婆婆照顾。因此，有能力可以投保时，要让家人多一分爱，即便日后有个意外，也能照顾到他们，这也算是尽到了为人夫、为人父的责任。今天就在申请书签名，让这份保险计划生效吧！'最后，王潼的爱人投保了 30 年期 10 万元的重疾保险，年期交保费3 200 元；女儿投保万能险 2 万元，年交保费 10 852 元。此次结案的动作，便是紧密结合了'魔术方程式'。"

"我懂了。"高明点头表示，又问："汪总，保险营销人员面对已经拥有保险商品的客户，往往都束手无策。针对第四个法则'使用好的比喻'，你可以举一个案例吗？"

汪总说道："以前，我有一位客户叫张杰，33 岁，为一私企外贸业务员，年收入约为 14 万元，单位有'三险一金'。爱人陈敏 30 岁，在一家国企担任财务人员，年收入约为 6 万元。夫妻育有一个 1 岁的女儿，家庭年支出约为 10 万元，其中也包括保险费用在内。张杰家庭购房花费 20 万，分期贷款余额 16 万，现有存款 8 万元，于是他投保 30 年期商业保险、重大疾病保险 10 万元和意外伤害险 10 万元，每年交付保费 3 500 元。当初，我对张杰说：'张先生，买保险的目的是为解决问题，你目前的保险保障足够了吗？一份不完整的保单，就像一个泄气备用胎或过了期的医药用品，是无法解决问题的，我可以免费为你分析诊断，并告知如何买对你自己最有利。'"

"高明，像张杰已婚、有小孩、有房产，也买了一份保险，你会怎么办？"汪总问道。

"汪总，我会先将张杰的数据做需求分析，再尝试运用'魔术方程式'与客户对谈。"高明回应道。

汪总点点头，没说什么，挥手道别。回家以后，高明洗完澡，虽然今天回家后已经疲惫不堪，但他并没有立即上床休息，仍然坚持"今日事今日毕"的原则，整理完与汪总谈话的重点后，才上床就寝。

隔天早上，高明8点就到了公司，整理当天准备约访的客户的资料。到了9点的例会，汪总讲授了"名人谈保险"，从国内名家谈到国外政商领袖。

"中国一代国学大师胡适，出生在上海，籍贯安徽绩溪，为享誉国际的近代史学者，也是现代诗人。许多人耳熟能详的民歌《兰花草》的歌词'我从山中来，带着兰花草，种在小园中，希望花开好……'就出自胡适的诗——《希望》。"汪总说："胡适先生曾说过，保险的意义只是'今天做明天的准备，生时做死时的准备，父母做儿女的准备，儿女幼时做儿女长大时的准备'，如此而已。今天预备明天，这是'真稳健'；生时预备死时，这是'真豁达'；父母预备儿女，这是'真慈爱'。能做到这三步的人，才能算是现代人。"

"而带领英国走过历史上最困难的时期、打赢了第二次世界大战的前英国首相丘吉尔曾经说过，透过保险，每一个家庭只要付出微不足道的代价，就可以免于无尽的灾难。"汪总又说："另外，出生于1858年、在20世纪美国政治史上扮演着举足轻重的角色的美国第二十六任总统罗斯福也曾说过，买有适当的保险，是一种道德责任，是大部分国民应负有的义务。"

汪总不断举出古今中外名人对保险的观点，道："香港首富，香港地区长江集团主席李嘉诚总裁也说过：'别人都说我很富有，拥有很多财富，其实真正属于我个人的财富是给自己和亲人买了充足的人寿保险。'甚至在美国的NBA球星'移动长城'姚明也说过：'让保险单为我打工。'"

"营销人员除了引用名人言论之外，还要背诵保险具有说服力的简洁术语，以提升营销说服力。"汪总过了一会儿，继续说："我们来谈谈保险营销有说服力的短句。例如推销人员可说：'谢谢您对我们公司的支持，我们一定会成为服务质量最好的公司。''感谢您愿意给我服务机会，也留给您亲爱的人幸福空间！'或者是响应客户，说些大家都会认同的话：'我理解您的意思，我一定遵照您的需求提供一份完善的保险计划。''我们永远不知道意外或明天哪一个先到，您同意吗？'或者，可以强调为幸福的家庭或亲爱的家人做好万全的准备，例如：'您这样说，确实透彻了解了保险对家庭的好处。''恭喜您为爱人做了最明智的选择，让打拼无后顾之忧。'等。"

除了沟通技巧之外，汪总表示，保险营销人员还要懂得提升营销说服力的策略。他提出营销人员不断增强影响力的"关键四法则"，让营销功力如虎添翼：第一，将自己使用过、能够让客户感动的话语记录下来，找机会再使用看看，然后经常练习运用。第二，说服客户的用语，将会因时间、情况、对象及使用目的而有所不同，因此，不要盲目地使用，要选择一些适合自己个性的用语。第三，准备一本案例或故事笔记本，记录亲身所遇到的事例。第四，准备一本证据提示本，到网站搜集信息或将理赔统计数据整理，并可作为特殊的理赔案例，将相关数据都整理成册，在适当时机提出来，增强说服力。

下课后，高明回到座位，闭目回忆汪总所提到的方法，并考虑针对以后将访问的准客户是否可引用名人故事以提升签单效果。

结束了忙碌的一天，到了下午6点钟，高明离开办公室，准备去听一个重要的演讲，主题是"沟通的魅力"，由杨玲老师主讲。

高明6点半就到了会场，找了个好位置，他一直将培训和自我学习视为重要投资，常将部分收入分配用来学习，参加一些优质的讲座或课程。

演讲在7点钟准时开始，杨老师的演讲专业而丰富，以生活实例激发乐趣，内容生动、活泼，听众笑声不断。

杨玲老师说："2002 年时，我义务做亲子沟通服务。有位王姓父亲前来咨询，说：'老师，我的儿子目前就读高中。下课后，都跑去电动游乐场。我屡次奉劝他，他就是听不进去。现在的年轻人要怎么沟通？'我就请他举出一个让他感到困扰的例子，王姓父亲说：'儿子，你现在是学生，首要的事情就是将书念好。'于是，儿子大声反驳他：'老爸，你哪里理解年轻人！'头一转，就出门了。父亲非常生气，大声对儿子喊：'你给我停住，回来！'结果，儿子根本不予理会。我问王姓父亲：'以前你是如何跟儿子沟通的？'这位父亲很可爱，回道：'老师，我告诉他，我走过的桥，比你走过的路还要长。所以，我不会害你的，听我的话准没错！'我问王姓父亲：'那你尝试过听听儿子的想法吗？'这位父亲气呼呼地回答说：'杨老师，为什么还我要听他的想法？难道我说的有错吗？'我对他说：'沟通不仅仅是将您要说的告诉对方，还要听听对方的意见或想法，有来有往，才叫沟通。王先生，你是直接命令儿子这样不可以、那样不可以，那不是沟通。'"

杨老师在演讲的结尾说道："其实，沟通除了要能传递你的想法之外，还要能了解对方的看法。关键的沟通因素为肢体语言，而有效沟通要掌握音调和叙述内容的语言表达部分，以及非语言部分等要素：沟通所展现出来的语言表达部分占 45%，其中音调及叙述内容分别占 38% 和 7%，而非语言部分的影响力最大，占 55%。"

不论是在工作上、朋友间或是与家人之间的相处，有效的沟通都能让彼此感到非常融洽、愉快。虽然有效的沟通并不保证每一次都能够成功，但我们从每次沟通的挫败当中学习、成长，这才是最重要的！

第二十七章　想赢，要比对手早两步

从决定进入营销行列的那一刻起，高明就抱着以专业知识取胜的想法，同时决心永远以积极的态度来面对每一天。

但是，在这个竞争激烈的保险营销市场上，保险营销人员所凭借的，不能只是一腔热情，若产品不能解决客户的问题，服务不能与时俱进，就算再好的商品，亦不能打动客户的心。

下班后，高明搭上汪总的顺风车。

在车上，汪总说道："你一定听过两个商人到非洲卖鞋的故事。当时，其中一个商人发现非洲人都不穿鞋，便觉得'他们都不需要穿鞋，真糟糕，在这里根本没有发展前途'；另一个商人则认为'他们都没有穿鞋，这个潜在的大市场实在太棒了'。高明，这个故事告诉了我们什么道理？"

高明回答："我先听一听汪总的看法吧！"

汪总说道："这个卖鞋的故事告诉我们，对同一件事的看法都会有积极与消极两个方面。凡事都应该积极地为成功找方法，不能为等待失败去找理由。"

"其实，汪总，我可以理解这个故事要告诉我们的道理。但是，保险商品的销售人员，不分男女，不分老少，适合各个层次的人，所以，人际关系很容易重复，而销售竞争也就在所难免。那怎样才能突显竞争的优势呢？"

"我理解。你的高中同学或许就是同行陈飞的邻居，彼此的关系是重复的。因此，如何突显竞争优势、争取竞争同行的客户就要有战略，这并不是完全没有办法的。"汪总回答道。

高明问："汪总，那你是怎么看的？愿闻其详。"

"高明，比较有经验的业务主管都认为要争取同行的客户，除了具备忍耐与锲而不舍的精神之外，别无他法。况且，准客户已习惯竞争同行的服务，当初之所以采用竞争同行的商品，一定有其原因。"汪总回道。

高明又问道："汪总，请问你有什么方法可以争取竞争同行的客户？"

"高明，想要改变准客户的想法，当然不是一件容易的事情。但是，我们也不能未战先投降吧！"汪总深深叹了一口气，继续说道："第一步，必须先让对方认识你，并让对方了解三丰保险商品；第二步，若你想争取同行的客户，必须不断地进行访问，千万不能半途而废；第三步，当你发现新客户对原先的服务不满意或有新需求产生时，保额就会出现不满足的缺口，如小孩诞生，这时比竞争同行的营销人员服务先到，就有机会了。因此，你必须长期经营，或比竞争同行更用心，并且关注新客户的需求变化。"

高明睁大眼睛，好奇地问道："汪总，你以前遇到过竞争同行的客户吗？"

汪总回道："当然！就是之前我向你提过的客户，名叫张杰。33岁的张杰，是一位私企外贸业务员，每年收入约为14万，单位有'三险一金'。妻子陈敏今年30岁，是一家国企的财务人员，年收入约为6万元，他们刚生了一个女儿，这对夫妻每年支出约10万元。"

"张杰买了一套房，价值20万，不过，张杰夫妻月均分期缴3 500元，还有16万的贷款余额，现有银行存款8万元。其中，张杰有一份20年期缴重大疾病保险10万元和意外伤害保险10万元，每年交付保费3 500元。"汪总分析道："当时，我对张杰说道：'张先生，我今天来的主要目的，是协助客户做好退休财务规划，以应对现在及未来都将面临的退休财务问题。我不是来推销的，你没有义务购买任何商品或先对我做任何的承诺。若你了解后，发现已经做好万全的准备，那就要恭喜你了。今天我们就纯粹交个朋友，不知道这样可以吗？'他听完后，只是冷冷地回答我：'我已经买保险了！'我回道：'恭喜，您真幸运。当初，您如何决定保险内容的？'张杰回答我说：'业务推广的。'我回应道：'张先生，以前你是否了解如何买保险对自己最有利？'张杰摇摇头。于是，我接着又对张杰说道：'我可以免费为你分析，并且提供该如何购买保险的咨询。这对您的未来规划也许有帮助。'我直视张杰，但没有获得任何回应。"

"于是，我直接问张杰道：'张先生，你是否听说过长生不老的人？'张杰回应道：'怎么可能！'我便说道：'你我都不能控制意外不要来临，是吗？'张杰点点头。"汪总继续说："我对张杰说：'如果您明天出门发生意外走了，您的保险给付10万，购房贷款余额16万，这够吗？每年家庭的生活费呢？女儿的教育费呢？我帮您全盘分析之后，提供一个完整的计划给您，如何？'最后张杰就答应了。"

汪总对高明说道："像张杰这类情况，若你要争取竞争同行的客户，首先应设身处地站在客户立场着想，一定不能欺骗客户，应该分析对方是否有购买能力再决定要投入的时间和精力。"

"汪总，对于经营竞争同行的客户，你有什么策略？"高明问。

"我的策略有三个：第一，若竞争对手的商品与你所推销的商品根本就无法比，在这种情况下，你就要把客户关心的价格问题转移到商品价值上面，这算是件很容易的事情；第二，若你推销的商品与竞争对手的商品根本就无法比，在这种情况下，为了争取竞争同行的客户，除了具备忍耐与锲而不舍的精神之外，别无他法；第三，若两者商品性能类似，就要事先做功课，发掘自己商品的特点，以'T形法'列出竞争对手的商品特点，然后排出二者的共同点，找出自己商品独特的优势或特点之后，再将客户可获得的利益或好处列举出来给客户过目。"汪总解释道。

回到家后，高明打开电脑，上了QQ，刚好同事赵敏也在线，于是便与她分享在车上和汪总的对话。

赵敏说："今天下午，我去'翰宇'上了一堂课，课程刚好也与你的话题有关，上课的黄讲师提到：'争取同行客户时，让客户对目前的服务状况产生需求不满的心理是必要的。'"

高明道："讲师为什么这么说呢？"

赵敏回应高明道："因为，每个客户的购买需求会因个人喜好或认知不同而有所不同。有些人注重保费问题，有些人注重服务，有些人注重保障内容，有些人注重理赔金额……因此，我们可以用'逆向响应法'提供与竞争同行商品有价值差异的选项。"

"'逆向响应法'？那是什么策略啊？"高明忍不住问道。

"我记得讲师举了一个案例。"赵敏说，"有一次，黄讲师约了外贸私企的王总。当时，王总有一张20年期缴储蓄养老保险，黄讲师说：'王总，随着现代医疗的进步，寿命不断延长。我们应该关心养老保险，才是最重要的问题，同意吗？'王总回答'同意'。随后，黄讲师也主动提议，说道：'王总，许多客户经过分析后才了解如何做正确的退休安排。只需10分钟，对您的退休规划绝对有好处。'王总点头同意……"

高明问道："那讲师之后还说到了什么重点吗？"

赵敏想了一会儿，回道："我记得他就这个问题谈了许多，但并未明确指出什么重点。总之，能够改变客户任何方面的价值观，或创造新的购买需求，就会购买您的商品。否则，让客户认知保险新项目，也是一种战略。"

"讲师所说的战略是……？"高明问。

"他没有说，我看一下讲师给的资料，你等我一下。"

过了几分钟，赵敏在QQ上回道："我看到资料上提到了5种战略：第一，为客户省钱；第二，消除客户的后顾之忧；第三，为客户带来额外利润；第四，为客户提供方便；第五，为客户带来额外的附加价值。"

"好，谢谢你！早点休息，明天还要参加早会呢！"高明道。

"嗯，你也是，拜拜！"赵敏回道。

下线后，高明打开笔记本，写道："争取同行的客户，最好的方法是向客户提供竞争对手无法提供的利益，通过这一独特卖点，形成差异化推销策略。"

高明想了想，继续写道："争取竞争对手的客户的关键是突显竞争对手无法提供的服务，特别是推销个人的服务和公司商品的特色。例如：个人制作服务会讯季刊，或是提供客户欲了解的保险业的现况、医疗计划、亲子教育等。另外附上一些数据，如：三丰保险的癌症保险，没有等待期，而医疗保险观察期只要 10 天，竞争同业必须等待 30 天等数据，这就是竞争同业无法提供的服务。当然，营销人员务必以客户的需求为导向，并且时时刻刻推销来自个人的服务及公司商品的特色。"

接着，高明又写道：

一、推销个人的服务

☐ 续期保费提醒。

☐ 提供联合服务团队。

☐ 提供医疗信息服务。

☐ 提供定期保险相关信息。

☐ 新商品短信或邮件通知。

☐ 每年定期检查保单，确保保障合适。

二、推销公司商品的特色

☐ 附约保证续保。

☐ 重大疾病、意外残疾二/三级豁免保费。

☐ 投保人豁免保费。

☐ 住院日额手术的终身医疗。

☐ 医疗的高额理赔给付。

☐ 每三年一次的免费体检。

☐ 海外急难救助卡最高保额 2 000 元。

☐ 日额选择权。

写完后，高明躺在床上，闭目静思："今天的我，感觉又往成功迈进一步了。相信自己每天一点一滴用心累积，成功绝对离自己愈来愈近，不再遥远！"

第二十八章　提升件均保额的独门秘诀

　　今天早会，由王豪老师谈"提升件均保额的独门秘诀"。保险营销人员在相同资源下，面对新的客户开发，为什么有些人的业绩突出，让人好生羡慕？为什么别人的人际关系好？为什么别人的口袋满满？是自己技不如人还是找不到方法？其实，保险营销人员应该针对客户的差异性，以不同的销售经营策略及正确的方式，投注在正确的对象，如此业绩才会蒸蒸日上，且才会时刻保持高昂的斗志。

　　王老师问学员："大家觉得优秀的营销人员应该具备什么条件？"学员众说纷纭："每天可以约见很多新客户"、"每个月业绩都很好"……于是，王老师有条不紊地说道："其实，所谓优秀高效的营销人员，其条件就是约访足够多的准客户，销售高续保率的保单。当然，高续保率就等于客户的服务满意。"

　　"倘若，客户不愿意续保，其原因不外乎：营销服务欠佳；营销人员的解说不清楚，客户反悔了；被同行的营销人员攻击，客户不愿再续保了。"王老师继续说："因此，营销人员落实服务以提高续保率之外，倘若客户满意提供的服务，也会增加推荐的意愿，就能拥有源源不断的准客户了……"

　　这时，高明举手发问："王老师，可以说说提升件均保费的技巧吗？"

　　王老师转头看了一眼高明，回道："有一次，我去百胜百货。橱柜内有一个漂亮的墨翠尾戒，营销人员要价2万元。我说：'那么贵呀？'售货员身上配挂着名牌，她叫小玉，回答说：'因为这一颗尾戒含稀有金属，水量、透光度都是顶级，需要10年以上才有可能挖到一颗原石。师傅制作这样一颗末戒时也要分外小心，不然就可能失败，当然珍贵啰！'但我还是觉得很贵，迟迟下不了手。后来，另一位售货员阿美走了过来。阿美说：'墨翠末戒这么贵，是因为缅甸人把它视为'爱情的影子'，缅甸人相信墨翠末戒能带来真正的爱情。这故事许多缅甸人都听过，但很少人见到过，像橱柜内的这一颗，如果失去这次机会，至少就得再等 10 年了。'听完这个典故，我也就不再讨价还价，直接拿出了信用卡……"

"总的来说，第一个售货员小玉就像卖冰箱的，效能再好，价格也拉不高；第二个售货员阿美就像在卖一个梦，包装一个感人的故事，这样就提高了商品的价值。因此，保险营销人员提升件均业绩的方法，最重要的就是卖出价值。"王老师借墨翠末戒故事总结说道："保险营销人员可学着运用下列五种方法增加件均业绩额。"

接着，王老师要大家看看手上的资料，只见上面写道：

☐ 增加推销访问的次数。

☐ 增加每次销售保额。

☐ 提高销售成交收款的比率。

☐ 改变所销售商品种类。

☐ 改变营销目标市场。

王老师解释道："其中的'增加每次销售保额'，亦即追求件均保额，以及'提高销售成交收款的比率'能让我们工作事半功倍。"

赵敏举手问道："那么，有什么方法可以增加保险生涯业绩额同时又可以提升件均保额呢？"

王老师回答道："各位同学，保险营销人员的职责是实现目标，我这就说说增加保险业绩额又能提升件均保额的方法。"接着，王老师叫学员将此在笔记本上记下来：

（1）经常要求高保费保单。

（2）对于保费少的客户，不必浪费太多时间。

（3）尽量说服有能力的客户购买高保费商品。

（4）诉诸虚荣心、荣誉感。

（5）选择高额保费的客户。

（6）多渠道尝试。

这时，赵敏又举手问道："老师，保险营销是一种有价值的事业，这我们可以理解。但每一次营销访问，我们都渴望增加销售额，能否请你就这方面提供案例分析？"

王老师点点头，问道："各位学员现在闭上眼睛，然后回答我一个问题。明天，你最好的朋友死了，谁可以无条件照顾他父母？"学员们静悄悄的，没有人回答，于是老师点名问道："赵敏，你可以吗？高明，你可以吗？大家都不知道？……"

一阵沉默后，王老师为学员们解释上述六创意法，说："我们先从第一个方法'经常要求高保费保单'来说明。有一天，我到宋家小饼店用午餐，我点了四道菜——客家小炒、鱼香茄子、小米粥、牛肉面。"

王老师轻松说道："点完，服务员随口问我：'先生，今天需要来一份豆干或海带吗？'我心想：'老套。'据说，这么简单的一句话，营业额就能提高 30%。保险营销也是这样。"

赵敏心怀疑问，举手问道："王老师，保险计划书的费用都依据客户提供的预算吗？"

"保险计划书适度提高保费 20%，会造成客户不需要保险吗？此乃提高件均保费的小秘诀。若保险营销人员提高了件均保费，客户又没意见，这不就有意外收获了吗？"王老师知道各位学员心存疑虑，继续道："保险营销人员到了促成阶段，需要特别观察客户的肢体反应。对于保费有意见，表情会产生迟疑，注意客户脸部表情是必要的，营销需要懂得随机应变。大家要记住这句话：'千万不要低估客户的缴费能力。'若客户因保费太高不买，就改回原计划也可以。所以，大家不妨尝试看看。"

赵敏点头表示满意，举手又问道："第二个方法'对于保费少的客户，不必浪费太多时间'呢？"

"保险营销人员在外的时间便是金钱。大保单客户经营时间长，但保费的效益高；若是小保单的客户，计算费用较为耗时，但约访容易，实质业绩增加有限。"王老师怕学员们误解，赶紧又解释道："对于这些客户，你可以采用电话、书信销售或服务策略，腾出时间来，你就可以增加客户拜访量了。"

赵敏露出笑容，点点头，很高兴今天学到了小保单经营技巧，又问道："老师，我明白了。那第三个方法'尽量说服有能力的客户购买高保费商品'呢？"

"两年前，我有位客户叫王红，对两个重疾险计划犹豫不决。王红投保时年龄为 40 岁。我提出甲方案：20 年重疾终身保险 30 万，被保险人没有患重疾，每年交保费约 1 000 元，纯保障就没了。另外，提出乙方案：投保 20 年重疾保本终身保险 30 万，被保险人没有患重疾，退还所缴的保费，每年交保费约 3 000 元，永远不吃亏。"备妥"T 字形分析法"，王老师继续说道："因此，乙方案退保费等于买一份终身零息保险，我再结合甲方案纯重疾保险的保障，分析两者的利弊，终于成功说服王红买下了高保费的商品，这也是增加业绩的方法。各位理解了吗？"

停了一下，赵敏又问道："老师，我理解了。那第四个方法'诉诸虚荣心、荣誉感'呢？"

"赵敏，心理学家认为，每个人都希望自己被别人认同，同时也有一种不服输的心理。因此，保险营销人员在两个互相认识的客户身上，是不能忘记利用客户的这种弱点的。"王老师回道："两年前，我有两个同学名叫张孝及朱雀。他们都是私企的负责人，我先完成了张总投保的 20 年期缴还本终身保险 100 万。两周后，我又约访了同学朱总。我说：'朱总，张总已经购买了 20 年期缴还本终身保险 100 万。以您的身份地位，应该不会输他吧？'朱总回答说：'我还没有投保的计划。'我说：'朱总，这些钱需要硬性存下来，作为紧急预备金，也没有浪费掉，最少也应该投保 100 万吧？张总的保险观念就是如此。'这样的说法也是增加业绩的好方法。"

此时，赵敏又举手问道："老师，那第五个方法'选择高额保费的客户'怎么理解呢？"

　　"记住，每个杰出人士原本都是默默无闻的。若有机会进入高层社会，你必须有计划地经营，因为他们是不容易搞定的，要以长期培养信任感为要务。这也许并不简单，但这也是增加业绩的最快捷方法。"王老师回道："当然，你也可以通过职位高的人，尝试请求推荐客户，再以电话或信件约访。"

　　赵敏又问道："老师，那么，最后一个，也就是第六个方法'多渠道尝试'，请您解释一下好吗？"

　　"保险营销人员必须有灵活的头脑。这个池塘钓不到鱼，就要主动更换到另外一个池塘。要主动开发新的人际市场。我们可以通过陌生开发，或者参加研讨活动，打开新的通路。"王老师说道。

　　当天晚上，高明在睡觉前，回忆了王老师授课的内容，期待能够早日学以致用，他同时也问了问自己："今天的我，是不是也尽了全力……"过了许久，高明才酣然入睡……

第二十九章　找出原因对症下药

这阵子，连续几天都有午后雷阵雨，其时乌云密布，雷电交加，大雨滂沱。湿冷的天气总是令人生厌，那似在头顶炸响的惊雷，更是令人生畏。不过，这一切总会过去，雨后，迎接我们的却是夺目的彩虹。彩虹的美丽令人赞叹、期待。然而，没有先前雷电大雨的洗礼，又怎会有之后的彩虹呢？

这天晚上6点半，高明参加了"销售精英论坛"研讨会，由来自新加坡的资深讲师林松永讲授"赢家销售心法"。胜负乃兵家之常事，林老师从"失败是成功之母"这句熟语入手教导保险营销人员如何从失败中吸取教训，以免重复类似的错误。

"我觉得要深刻领会'失败是成功之母'这句话，关键是保险营销人员用什么态度去面对失败。"林老师开门见山地说："首先，营销人员要探究推销失败的原因，因为，失败是迈向成功的过程之一。营销失败并不代表一无所有，只是暂时还没有到达目的地。实际上，在失败的过程中，保险营销人员反而增进了许多原来不知道的技巧。若能吸取教训，避免再犯同样的错误，将会更上一层楼。"

"传说我国历史上的大禹为治理黄河，三次经过家门而不入。有人问大禹原因，大禹回答：'不治理好黄河，我不会回去。'大禹治水过程中，经历无数次的挫折与失败，总共投入13年的时间，才把黄河治理好。"接着，林老师说："我从事保险业30年来，也不是每次营销都一帆风顺，遇到的挫折不计其数。要避免失败，最简单的策略就是找出失败的原因。"

此时，一位学员举手说道："老师，您能告诉我们营销成功之关键销售心法吗？"

"天底下没有卑贱的工作，只有卑贱的人格。"林老师说："保险营销要做得久，表现又要好，而且要获得尊敬，不能不知道三件事：首先，需要认清营销人员的生命就是开发客户，39%的人面临的最大问题是客户的开发，因此，需要掌握推荐的技巧并注意利用一切可能的机会开发客户；其次，85%的人面临的最大问题是自我的控制能力，也就是自我要求目标的执行力；再次，要做好时间管理工作，46%的人面临的最大问题是对时间的管理，也就是说，要有效地管理工作项目。"

最后，林老师告诉学员，营销需以客户的需求作为诉求，不能只将佣金作为唯一考虑的因素。简单地说，就是凡事都要设身处地站在客户立场思考一下："这份计划对客户的好处是什么？"

下课后，高明抓住机会问林老师："老师，我还是有些不明白，为何以'失败是成功之母'为话题？可以再请老师说明一下吗？"

"毕竟，世上成功者少，失败者多，一个成功者的背后，一定有一段不为人知的经历。"林老师回道："任何行业都不可能一帆风顺。尤其，保险业比其他行业要承受更多的打击。因为，保险商品的基本精神为利他与责任，违反爱享受的人性。就像棒球场上打击率曾有100%的记录，但相信不可能每天的打击率都是100%。"

林老师以绝妙的比喻继续说道："所以，保险营销人员失败与成功的区别，不在于失败次数的多寡，而在于他们失败后学到什么样的态度并有什么样的作为。因此，失败并不重要，重要的是如何面对失败，其中胜出之道在于失败而奋发图强后从中探究营销失败的原因。"

听了林老师这番中国古文学与现代营销整合立论的话，高明感到十分有趣，也觉得非常兴奋，继续深入询问："老师，古圣贤孔子的立论，对保险营销具有指导意义吗？"

林老师说道："曾子为孔子的学生，比孔子小46岁。曾子有曰：

'吾日三省吾身，为人谋而不忠乎？与朋友交而不信乎？传不习乎？'曾子的'传不习乎'，指营销人员学习做人做事的道理后，要积极去实践它。每天分析营销成功的原因，查找推销失败的理由。若有不解，请主管或同事协助解惑，不断地加以改正，直到能够独立完成作业。"

高明在笔记上迅速记录摘要，又问道："保险营销主管在带领营销的过程中，又该如何扮演成功的角色？其关键为何？"

林老师回道："保险营销主管的重要任务之一，就是听取保险营销人员的工作报告，诊断销售访问的记录，协助解决遇到的问题，并且陪同营销人员一起访问作业，辅导营销人员的工作，同时修正错误，一直到保险营销人员可以独立完成作业为止。"

高明又问道："老师，可是您在演讲中提到营销人员应该学习自我管理，而不是一味地依赖领导。那又该如何解释？"

林老师停了一下，继续说："因为保险营销人员访问客户的时候，使用什么样的洽谈方法，准客户的口头或肢体反应是什么，只有保险营销人员自己最清楚，因而不能一味地依赖领导。此所谓'师父领进门，修行在个人'。"

高明回应道："林老师的意思是主管领进门之后，发现问题应该自己优先找答案，培养解决问题的能力。然后再征求主管对策的可行性。若没有圆满解决，继续请教其他主管，终能找到好答案。"

"没错，有句谚语说得好：'三个臭皮匠，顶个诸葛亮。'其实这个道理很简单，就是'三人行必有我师'的意思。"林老师继续说道："除此之外，保险营销人员也应该有一套自我检讨的标准流程，例如：建立'推销访问自我检查表'，在每次访问客户后，进行自我检查，久而久之，就会成为习惯了。"

此时，高明心生疑问，接着问道："保险营销人员每次寻找推销失败的原因，是否为消极的做法？"

"不是。预防胜于治疗，从积极面看是为了好上加好，这也是日本保险之神原一平的一贯作风。"林老师道："高明，你也要用积极的做法来检视三项成功因素——客户开发、自我管理及专业知识积累，如此，才能预防失败发生。"

此时，林老师拿出'法宝'，建议高明不妨每次拜访后一一对照检查，直到习惯为止。

一、客户开发因素

☐ 与客户争论问题点。

☐ 无法与客户站在同一立场上进行商谈。

☐ 被客户的声势震慑住。

☐ 自己滔滔不绝地进行推销，而忽略了客户的反应。

☐ 对客户的反对意见处理不当。

☐ 过分地批评竞争对手，引起客户反感。

☐ 促使客户购买的说服力度不够。

二、自我管理因素

☐ 先前没有充分准备好商品说明。

☐ 约访说明或计划书制作不够完善。

☐ 态度过于强硬。

☐ 服装不够整齐专业。

☐ 言谈举止过于夸张。

☐ 所进行的推销时间过久。

☐ 无关紧要的话扯得太多，而忘记进行推销。

三、专业知识因素

☐ 商品的说明有错误。

☐ 只顾说明商品，而忽略了说明商品所能提供的利益。

☐ 价值方面的说明缺乏技巧。

☐ 对自己所推销的商品的特色并不十分了解。

☐ 没有努力地尝试做销售成交收款。

☐ 说明的事项过于复杂，欠简洁有力。

☐ 不能提供充分有效的证据。

"总而言之，改正缺点，永远比发挥优点重要，保险营销人员每次拜访客户前，若能够预见可能发生的状况，并且事后寻找推销失败的原因，不断地改正这些错误，那么，就一定会愈来愈受到客户的肯定，必定也会愈来愈接近成功。"林老师拍拍高明的肩膀，对高明在保险业界的未来，充满期待。

第三十章　织梦天使——财务策划师

今天早晨，崇德团队有幸请到热门讲师林祥老师前来讲授保险营销人员未来的趋势课程："财务规划助您美梦成真"。

关于财务规划，高明揣摩出一点心得，他觉得："科学家一直在研究怎样才能让头脑灵活，使得工作表现更加突出，但是却很少有人在研究生活质量如何可以变得更好。其实拥有较好的生活质量，并不表示仅仅有钱就行，还要看如何在人生不同阶段有着完美的表现。凡人皆要认真看待退休金的准备，那样人生才能划上完美的句号，若是没有认真打造完善的退休规划，那么人的大半辈子岂不白过！"高明相信，今天林祥老师的财务规划专题，必将开阔保险营销人员的新视野。

课程一开始，林老师便说道："在初入保险业时，主管要我先列出百位准客户名单，从周边朋友开始，包含同学、邻居、同事、亲戚、同好等，因此，住在隔壁的老邻居老王，因为彼此认识了 15 年而名列其中；完成主管要求的第一项工作后，主管再要求将名单中列出的人划分优先等级，提示从最近距离或 A 级客户开始出发，所以，老王便成为我第一个访问的对象。"

随后，林老师继续谈及他去拜访的第一位对象——认识了 15 年的邻居老王："当时，我和老王简单寒暄后，对他说道：'老王，你知道我最近辞掉了银行的工作，转行进入保险业来做营销。而今天，我是来做市场调查的，只会占用你 10 分钟的时间，不麻烦的。'听完后，老王说道：'好、好、好，当然没问题。我最近也买了一份保险，依你的专业，也许能够帮我看一下，我买的保险好不好。我去拿保单……'过了一会儿，老王拿着保单出来了。我仔细看了这份保单后，问道：'老王，你知道怎么买保险对你最有利吗？'老王摇摇头，表示不知道。我对他说道：'老王，买保险是这样的，重质不重量，重要的莫过于解决问题，满足家庭的需要，所以这个问题很难回答。'随后，我继续解释道：'其实意思是说，买一份保单可能好也可能不好，或许有人会说他买的保险比较便宜，也会有人说他买的保险满期后利率高……无论如何，怎么确定是前者好还是后者好？短命的前者优，长命的后者好。总之，保险不比一般商品，价格高低不能决定好坏，只有合不合适，你同意吗？'老王点头表示赞同。"

林老师继续说："老王对于我这次的拜访印象十分深刻，因为他从中了解了一份保单好或不好取决于这份保单对于自己的需求程度，或解决自己多少的问题。"

谈完这次的经验后，林老师突然看着高明，问道："高明，你在保险营销过程中告诉过客户该怎么买保险、如何才能买得划算而不是只买到一份合约，而经过数十年后像泛黄的壁纸吗？"

面对突如其来的问题，高明有些不知所措，只好摇摇头，表示不知道。

林老师接着说："各位同学，如何买保险最有利？其中适当的保险要能应付老、病、死、伤残等变故，保障自己收入和家人的未来生活的完整性。这点你们同意吗？"

下面学员齐声答道："同意。"

"人生中，意外、疾病难以预料，除了亲情遭受打击，生命财产也会造成损失，或者导致负债。"林老师稍微停顿了一下，继续说："客户为了转移这种损失，最好的方法就是购买保险，将生命、财务风险转嫁给保险公司。在最需要时，客户得以获得现金补偿损失，亲人可以安心渡过难关。各位同意吗？"

学员们再度齐声回应："同意。"

林老师继续问道："各位同学，若发生意外、疾病，你卖的保险金额或说遗留下的现金，回顾以前的客户，到底可以维持多少年生活不变？"

接着，林老师激动地说："你的客户考虑过个人真正的需求及财务状况吗？客户的问题到底有没有真正得到解决呢？如果没有，那么即使我们用了最便宜的价格去买到该商品，又有什么意义呢？因此，我建议从财务计划的角度去分析客户的保险需求，确定有没有替客户解决实际问题。"

说到这里，高明提出疑问道："林老师，财务规划是有钱人才需要的权利吗？"

"高明，你问得很好，我相信这个问题也是许多人心中的疑问。其实，就个人而言，财务规划的目的，在于每个人在不同年龄阶段有不同的责任与需求。"林老师回应说。

赵敏接着提问道："林老师，您能从财务规划角度举例分析吗？"

"好，我以单身陈敏与王福夫妇的客户案例对此进行说明。"林老师回应道，"陈敏小姐未婚，是一位医药销售顾问，今年35岁，月均收入3 500元，月均支出2 100元，每月结余约1 000元。陈敏与父母生活在一起，省掉了房租支出。几年下来后，手中的资金已经不少了。所以，她用此买了股票，现值10万元，但是目前被套牢。当然，账面有一定的损失，银行存折还有10万元现金，准备在恰当时机买基金。"

高明问道："林老师，从财务规划角度分析，未婚的陈敏其需求如何？"

林老师回应道："陈敏是一位医药销售顾问，未婚，万一发生疾病或意外等，收入便中断。因此，现阶段她有几项需求，比如残疾及医疗、重大疾病保险、退休计划、置产计划、投资计划等。"

为了让下面的学员更加了解，林老师继续讲述另一个已婚案例："王福，今年31岁，是一位私营软件公司的项目经理，有公司股份，无社保，每月收入 12 000 元。他的妻子谢蓉，今年 29 岁，是一位外资广告设计主管，公司有基本社保和团体保险，月薪 8 000 元。他们于两年前结婚，育有一个女孩王晶，1 岁。王福住广州市区，置房产 100 平方米，年利率 7%，按揭贷款 60 万，每月付款 4 650 元。另外，他买了 6 万元的股票，目前账面价值约 8 万元，手头还有 10 万元现金。为了让妻儿幸福，为自己和妻子购买了一份 20 年付费的 20 万终身保险。"

心急的高明此刻又问道："林老师，那王福这对夫妻的财务规划的需求又是什么？"

林老师回道："王福是一位项目经理，有公司股份，已婚，有小孩，置产有按揭贷款，若疾病或意外等发生以致收入中断，现阶段有几项需求，那就是保障计划、残疾保险、医疗保险、教育计划、退休计划、置产清偿计划、投资计划等。"

为了让下面学员更加了解，林老师决定来个实地演练，对高明说："高明，你就扮演王福经理如何？……王经理，您的小孩 1 岁了，以后计划让小孩上大学吗？"

王经理回道："当然。"

"王经理，那您开始准备让小孩上大学的计划了吗？"林老师问道。

王经理回道："还没有。"

"王经理，您觉得孩子上大学要准备多少钱？"林老师又问道。

王经理回道："约需要 8 万元吧！"

"王经理，您的孩子要接受良好教育，需要准确足够的钱。"林老师问道："您是否见过长生不老的人？"

王经理回道："没有。"

"王经理，若您成为残废或身故没有收入，小孩教育费又该如何支付？"林老师问道。

王经理回道："不知道。"

"王经理，当孩子还小时，您就需要有预防伤残的计划，您总不希望以后小孩没钱受教育而只好休学吧？"

王经理回道："当然。"

"王经理，如果我协助您做一份伤残代替支付教育费的计划，这对您的孩子有帮助吗？"林老师问道。

"当然。"

"王经理，您用 4 年和 18 年时间储备教育费用哪一个轻松？"林老师问道。

王经理回道："当然是后者，18 年。"

"王经理，此刻，您能否可以支付小孩第一年的大学教育费用？"林老师问道。

王经理回道："不能。"

"王经理，若我现在开始为您制订一项 18 年储蓄计划，就算将来您不幸伤残也能代您支付教育费用，这样的计划对您有没有好处？"林老师问道。

王经理回道："有。"

"王经理，请问您小孩年龄多大？"林祥老师问道。

王经理回道："1 岁。"

"王经理，那我回去做一份详细的教育保证计划书，像这位我服务的对象这样，再送来与您一起讨论，周三下午或周四早上哪个时间方便？"林老师问道。

王经理回道："周三下午好了。"

看了林老师与高明的实际状况模拟，下面的学员纷纷点头、鼓掌，觉得表演得太精彩了。

这时，林老师略带微笑，说道："谢谢，其实您与准客户对话就是如此。与客户沟通时，只要引用前面所提到的法则，一定没问题的。"

林老师又道："财务计划就是为了实现家庭成员财务目标。就像王福为了让小女儿王晶接受良好的教育，必须长期储备，而当身故或遭遇残疾时，能确保王晶有一笔收入。"

高明又提问道："林老师，那么，一个良好的个人财务规划，必须符合什么样的要求？"

"以简单的三项要求来说，就是赚钱、用钱、存钱。因为我们面对通货膨胀、经济环境冲击以致利率损失、疾病或意外时，生活将失去依靠。像王福如果有完善的财务规划，就可以维持生活质量不变，大家同意吗？"林老师问道。

学员们皆点头表示："同意。"

"所以，个人财务计划包括七个方面：①现金流管理；②风险管理；③投资计划；④退休计划；⑤税务计划；⑥资产计划；⑦教育计划。"林老师说道。

这时，有位同学举手问道："林老师，开展保险营销时客户说'我已经买了好多保险了'，在这种情况下，您可以从财务规划的角度来回应吗？"

林老师说："当然。"

赵敏举手，继续追问道："林老师，可以举一例子说明吗？"

林老师沉思了一下，说道："赵敏，我们买保险就是为了解决问题，你同意吗？"赵敏点点头。

"赵敏，重点就不是在'多'或'有了'。举一个例子来说，女生通常比男生怕冷，当寒流来临时，有的女生为了御寒，一口气就穿了五条裤子！然而，若每一条裤子都是短裤，这样裤子确实穿了很多，可是就是没有解决御寒的问题。其实，只要在外库里面多穿一条棉质裤袜，或者外加一件棉裤或较厚质料的裤子，不就可以解决御寒问题了吗？"林老师打比喻回应道，"因此，在大多数的情况下，客户购买保险的目的就是为了解决问题！在解决问题之前，我们就必须先界定问题！问题不在于商品价格，而是在于购买保险的真正动机。"

教室中弥漫着活跃的气氛，学员们愈听愈有兴趣。这时高明提问道："林老师，那良好的保险计划应具备什么条件呢？"

林老师答道："良好的保险计划必须满足三个条件：①符合需求，也就是保额要够；②符合预算，保费要符合自己的现金流量；③解决问题。"

下面另一位学员举手发问："林老师，您提到保费要符合自己的现金流量，那该准备多少钱买多少保险，才叫符合预算？"

林老师回应道："每年保障部分的保费可以占年收入的3%～5%，同时应该用收入的10%～20%，强迫储蓄或做退休规划。至于投保总额，建议依据如下方法衡量：一、所得总额倍数。保险保额应是年收入的8～12倍。"

学员赵敏突然举手问道："林老师，若以王福经理的家庭状况分析，其需求如何？"

林老师回应道："王经理的收入每年约14万，最少保险金额为144万。换句话说可以解决意外或疾病残疾时爱人、小女儿及按揭还款等10年的支出问题。另外，以个别需求来说，为了小女儿王晶的教育费用可以购买30万～50万的保额，视小孩的年龄需支出的教育费而定。还有按揭置产贷款60万，所以需要购买60万保险金，如果被保险人不幸身故或全残，即可拿60万来支付房贷，确保房屋的所有权。"

"二、所得替代和回报率法。由于被保人死亡后，理赔金要替代自己的收入，所买的保额产生的利息（若为高收益的稳定投资工具，保额就会下降），必须足够维持家属所需。"林老师继续说："王福经理的年收入约14万，而你认为合理的投资报酬率为2%，那么就购买720万左右的保额（720万×2%＝14.4万）。若你认为合理的投资报酬率为8%，那么就购买180万左右的保额（180万×8%＝14.4万），这样可以降低保额，反之则增加。"

"三、财务目标和现有资产分析法。依据负债和资产状况衡量，先估计身故后未亡人立即需要的现金数额，如房贷等负债、贷款、丧葬费、税金等，再加上未来需要的现金，如生活费、教育基金、爱人退休基金、赡养父母等，将总额减去现在的总资产，包括现金、投资、储蓄等，即可得出所需保额。"林老师继续说道。

"林老师，该如何告诉客户万一发生事故，到底哪些开销是必备的呢？"一位学员举手提问道。

林老师回答说："一般而言，有五项经济准备是任何一个家庭都不可或缺的：第一，一家之主不幸去世时，家庭其他人需要的生活资金；第二，一家之主长寿时，安度晚年所需的费用；第三，购买住宅之费用；第四，子女受教育、结婚的费用；第五，应急时需要的预备金。其中，第三、四、五项，不论一家之主早逝或长寿均有必要。"

林老师继续说道："家庭需要的五项经济收入，其实都需要一份独立的财务计划书，客户才能彻底了解必须准备的金额，并且建议客户做适当的准备，避免一家之主收入中断以后家庭生活陷入困境。这样的计划书对家庭幸福有帮助吗？"

"老师，当然有帮助呀！"学员们皆表示认同。

另一位学员又举手发问："林老师，谈到个人在购买保险之后家人立即获得应有的保障，这样才能够真正安心。但是，许多私企老板投入一辈子的积蓄，怎么确保投入企业的资金能够永续经营？"

"我有一位客户名叫小鸣，他是一家机械厂的老板，今年 35 岁，已婚，育有一子。五年前开始创业，用房屋抵押贷款 10 万，加上银行积蓄现金 10 万以及向亲友借贷的 30 万，总计筹措到资金 50 万，并向银行借款 50 万，买了套自动设备生产螺丝，员工从 5 个到 30 个，生意愈做愈大，相应地，他的精神压力也愈来愈大。当时，我通过另外一位朋友的推荐，与他见面后，他二话不说购买了三丰保险 20 万的寿险、20 万的意外险与一些医疗险，然而因为小鸣的老婆反对保险，所以没将这件事让老婆及其他人知道，而当初他创业时向亲友借的款项，为了回馈他们的协助，公司给他们年均利息 8%，所以保险费由银行自动转账扣缴。"林老师说："在一个月以前，小鸣的机械厂锅炉爆炸，他本人也在这场意外中不幸丧生。保险理赔下来的金额，必须扣除之前亲友、家属投资他公司的资金。以前，就像大部分的企业一样，设备资产愈来愈多，现金却不多。所以，大多没有替设备投足额保险，因此，设备方面就没有获得任何理赔。"

林老师语带感慨地对学员们道："小鸣一案，让大家知道私人企业也需要财务计划，小鸣需要解决的是什么问题？那就是要预防意外、疾病发生与企业持续经营的解决策略。"

高明此时又举手问道："林老师，任何营销面谈的工作都是以能够激起准客户接受面谈为唯一的目标，那营销人员如何以财务规划开场白激起对方意愿？"

林老师立即回道："你可对客户说：'能否利用 2 分钟的时间，只提 6 个问题，就可以了解您的家庭是否有需要做财务规划，而且只需要占用你 15 分钟，我保证不会向你推销保险的好处。'"

林老师又继续说道："这里提供 6 个用以请教客户的问题：①你每月都有支出预算吗？②你是否储备了相当于 6 个月薪水的紧急预备金？③你定期关注净资产（或净负债）的金额吗？④若你意外去世，你的家庭积蓄可以维持生计多久？⑤你知道退休时需要准备多少钱才可以安度晚年吗？⑥你做了倍增财富的投资规划吗？"

又有一名学员提问："林老师，大多数的人都在想如何赚钱，我们又该如何告诉客户理财的要领？"

"有一次，我在餐馆用餐，听到一对父女的经典对话，可以作为往后与客户分享的'理财'经验。"林老师笑着说："聪明的老爸看着女儿，说：'小咪，你今年 10 岁，有一天如果你成为百万富翁，你将会有什么愿望？'小咪回应爸爸道：'老爸，怎么可能？别开玩笑了！'爸爸微笑着看着小咪，说道：'小咪，不是不可能的，从今天开始，你每天省下零用钱 7 元，那每个月你就储蓄了 200 元，假设拿去投资，年均回报率为 10%，40 年以后，你每个月省下的小钱 200 元就会变成大钱——1 275 356 元。'小咪回应道：'老爸，以后我有钱了，要给小狗狗买个窝！'聪明的爸爸停了一下，又说：'小咪，若你每天存下零用钱7元。你大学毕业以后，也许到外地工作去了。爸妈不在身边，那时连小区买房的现金都有了，可不是吗？'小咪立即回道：'是啊！老爸，那我们什么时候开始？'"

高明接着又提问道："老师，那赚钱、理财分别又有什么原则呢？"

林老师回应道："首先谈赚钱，我们必须了解钱不是万能的，但是没有钱却是万万不能的。赚钱的方法大致分为工作赚钱与钱赚钱。钱赚钱要先储钱，再找合适的投资工具提高回报率，从而达到赚钱目的。其次，谈谈理财。理财就是将钱做适当分配，以实现个人的财务目标。如用于生活开支、安排教育费、准备退休金等。因此，投资是为了赚取额外回报，确保可以完成财务目标，或增加财富，实现梦想。"林老师继续说："拥有人生每一桶金的三大要素是本金、时间和复利。套用爱因斯坦曾经说过的话'复利的效果大于原子弹'，我们要善用长期投资的复利效应。谈理财，最重要的观念是'强迫储蓄是理财的第一原则'。但是，为了让金钱更有效地运作，不要只将储蓄的钱存在银行，拟订一套投资计划是有必要的。"

另一位学员又提出问题道："林老师，您是否可以举一个关于有效运作的投资计划的例子？"

"好的，假设你踏入社会之时正值20岁，若您强迫自己每月储蓄500元，并持续到55岁为止。如果你将钱存放在银行，此项年均回报率为2%，这项储蓄在35年以后，将积累资产246 773元。"林老师回应说："若使用合适的投资工具，并假设年均回报率为10%，这项储蓄在35年以后，将变成1 139 662元，这样就破百万啰！因此，'把钱摆在适当的位置赚合理的钱'，这是理财的第二原则。若要制订长期投资计划愈早愈好，毕竟时间是不等人的。"

学员赵敏接着提问："老师，投资回报率10%承受的风险是不是很大？"

这时，林老师拿出一份历史统计资料给大家看，并且说道："美国有一项长达 195 年的统计，显示了股票实质报酬率的高低区间与投资持有期间的关系，具体如下：

股票实质报酬率与投资期间的关系（1802—1997 年）

	1 年	5 年	10 年	15 年	25 年
报酬率上限	25.1%	14.4%	11.2%	10.3%	8.7%
报酬率下限	−11.1%	−0.6%	2.4%	3.4%	4.7%
标准差	18.1%	7.5%	4.4%	3.3%	2.0%

※ 资料来源：John Caboodle 著，Common Sense on Mutual Funds.

"由上表可看出，随着时间的拉长，报酬率上下限的差异愈来愈小，标准差也愈来愈小，显示投资期间愈长，平均报酬率愈稳定。"林老师分析道："大致说来，投资 5 年，赔钱的可能性已经不高了，投资 10 年，最差的情形已抵得上存款利率，投资 25 年以上，几可确定介于 5% 和 8% 之间。这项长期统计说明了风险可通过拉长投资时间来降低的道理。"

接着，林老师继续说："按人生旅程制订投资计划，将五个重要策略在投资规划上运用，也能够将投资风险降到最低，确保每个生涯阶段财务目标：①定期定额；②停利不停损；③资产配置；④长期投资；⑤股债平衡。同时要考虑三大要素：①订立的财务目标；②可承受的风险度；③设下投资期限。以财务策划的方法能提供的理财更深远，可以展现无限发展空间。"

听到这里，高明又提问道："保险营销人员从销售传统保单到如今提供全方位的财务策划服务，将是我事业上的一大跃进。能否请老师多说一点财务策划的意义？"

林老师回应道："记得 1999 年 9 月 21 日的 1 时 47 分，发生震动世界、影响台湾经济的大地震。根据报载，台湾的'九·二一'大地震后每件保险理赔人均 24 万；而 2009 年 8 月 8 日的莫拉克台风对台湾造成严重水灾，报载保险理赔人均 16 万，这样的保额能解决问题吗？因此，营销人员制订投资理财规划，必须遵循三个步骤：从保障足够、强迫储蓄到务必投资，并且循序渐进。保险营销人员提供足够保额为优先条件，经由保险保证为人父母者基本履行父母责任，保险营销人员应代替客户提供一分永远的爱心。"

最后，林老师说道："21 世纪是创新的年代，全球化的金融业互相影响，美国金融风暴波及全世界，保险业也将随人均收入提高而转型锐变，风险管理师的工作显得格外重要。而世界的人口结构也在快速改变中，也会改变我们的赡养情况以及生活上的理财态度。教育水平的不断提升，并不代表收入会增加，而会赚钱不等于会理财。因此，保险计划已不能完全满足客户的需求，新时代的保险营销人员将进入全方位专业理财服务领域，提供客户终生受益的财务风险计划，做自己和别人的织梦天使！"